Andy Gillmann - René Creemers

# DRUMMER´s Inspiration 2.0

LEU-VERLAG

# Impressum


| | | | |
|---|---|---|---|
| Buch | **Redaktion** | **Andy Gillmann** | **www.andygillmann.de** |
| | **Lektorat** | **Wolfgang Leupelt** | **www.leu-verlag.de** |
| | **Layout Umschlag** | **Frank Höffer** | **fh@freies-kreativnetzwerk.de** |
| | **Layout, Satz, Grafik** | **Christoph Fischer** | **www.trumpetfish.de** |
| | **@2022 by LEU-VERLAG** | **Kolpingstr. 5<br>86356 Neusäß** | **www.leu-verlag.de** |
| Fotos | **Titelfoto, Fotos am Set** | **Marius Bornfleth** | **marius@bornfleth.info** |
| Videos | **Ton, Bild, Mix & Schnitt** | **Marius Bornfleth** | **marius@bornfleth.info** |

Printed in Germany 2022

ISBN 978-3-89775-197-2

# Inhaltsverzeichnis

**basic workouts**



**abvanced workouts**



**master workouts**

# Vorwort

Unser Ziel war es, eine **umfassende Lernmethode** zu schreiben, die sich auf die Entwicklung und die Beherrschung unseres Instruments konzentriert.
Dieses Buch wird euer Bewusstsein in Bezug auf **Timing, Tempo, Dynamik, Koordination, Phrasierung** usw. schärfen. Es wird euch neue Perspektiven eröffnen und euch mit faszinierenden Konzepten, Übungen und Systemen konfrontieren.
Aber es ist auch wichtig zu erkennen, dass eine Lernmethode (uns sei sie auch noch so perfekt) euch nicht zu einem vollständigen Schlagzeuger machen kann.
Um eine komplette Schlagzeugerin, ein kompletter Schlagzeuger zu werden, ist es wichtig, gemeinsam mit anderen Musiker*innen zu spielen. Pop Band-, Orchester, Jazz Trio, Latin Ensemble usw. **Ihr müsst spielen**.

Beim gemeinsamen Musizieren wird man regelmäßig mit **musikalischen Impulsen** konfrontiert, auf die man reagieren muss. Manchmal muss man sogar die Fehler der Kolleg*innen auffangen und korrigieren. Solche Situationen zwingen uns zu einer **musikalischen Kommunikationsform**, die auch zu viel Spielspaß führen kann. Schließlich können unerwartete Impulse außergewöhnlich interessant werden. Spontan gespielte Dinge (ungeplant, impulsiv, improvisiert) können eine frische musikalische Energie erzeugen. Diese Erfahrungen machen euch zu einer **umfassenden Musiker-persönlichkeit**. Ihr sammelt Erfahrungen und Routine und profitiert viel davon.
Durch das gemeinsame Spielen mit anderen Musiker*innen an verschiedenen Orten lernt man, seinen eigenen Sound zu entwickeln. All die unterschiedlichen **akustischen Räume** müssen von euch und euren Bands so bespielt / bedient werden, so dass es am Ende gut klingt.

Wenn wir das alles in Musiknotation hätten aufschreiben können, dann hätten wir das sicherlich getan. Leider (oder zum Glück) muss man das durch eigene Erfahrungen entwickeln. Also....schließt gelegentlich das Buch , geht raus und **entwickelt euch durch Spielen!**

Zu dem Buch...
Das neue **Drummer´s Inspiration 2.0**

**Mit der 2.0 Version haltet ihr eine komplett überarbeitete Fassung des 1998 erschienenen „Drummers Inspiration" in den Händen.**
**Jedes Konzept, jede Interpretation, jede einzelne Übung wurde sozusagen einem jahrelangen „Praxistest" unterzogen, um in dieses Buch aufgenommen zu werden.**
Aufgrund der gesammelten Erfahrungen über diesen langen Zeitraum haben es einige Kapitel aus dem alten Buch nicht mehr in dieses neue Buch geschafft. Viele Konzepte wurden übernommen, aber neu strukturiert und überarbeitet, und natürlich sind eine Reihe völlig neuer Übekonzepte hinzugekommen.

Wir verstehen uns im weitesten Sinne als Pop-, Rock-, Jazzdrummer. Und in diesem großen Feld bewegen sich auch die **Systeme und Konzepte** in diesem Buch. Eine stilistische Ausrichtung oder Unterteilung gibt es nicht. Wir unterscheiden (sehr grob formuliert) zwischen **ternär** und **binär** und zwischen **Beats** und **Fillins.** Wir nutzen bewusst den Begriff Beat (und nicht Groove), weil er für uns erst mal neutral besetzt ist. Grooven ist ein Gefühl, das man suchen und hören und erlernen muss. Mann kann es nicht aufschreiben.

Neben den Konzepten für Fillins und Beats nimmt das Thema **Cross Rhythmen** einen großen Platz im Buch ein, genauso wie die Übungen zur **3-Way Coordination.** Hier warten in jedem Level eine Menge Herausforderungen auf euch.

Die Arbeit mit den **Leseübungen** ist weiterhin unverzichtbar und hat sich in der Praxis als absolut sinnvoll herausgestellt. Ihr findet die Leseübungen am Ende des Buches. Sie dienen als „Brücke" zu einer fundierten Koordination und Unabhängigkeit.

**Grundsätzlich neu** ist die Einteilung der Kapitel und Übungen in **drei Level:**

***basic* - *advanced* - *master***

Nutzt diese Einteilung als Orientierung.
Die Kapitel des ***basic*** Level repräsentieren alles, was man braucht, um sich ein solides Repertoire an Beats und Fillins zu erarbeiten und um in den meisten Pop-Rock Bands zu „bestehen". ***basic*** heißt aber nicht, dass diese Kapitel einfach zu bewältigen wären. Das kann schon eine recht lange Zeit in Anspruch nehmen, bis ihr euch da durch gearbeitet habt.

Die ***advanced*** Kapitel gehen einen großen Schritt weiter. Hier verdichtet sich das Material und sowohl Koordination als auch Rhythmik werden komplexer. Die Beats und Fillins, die ihr aus diesen Konzepten generiert, sind anspruchsvoller und lassen sich, je nach Übeinput, auch „persönlicher" entwickeln.
Das ***master*** Level setzt eine intensive Beschäftigung mit den ***basic***- und den ***advanced*** Konzepten voraus. Hier geht es darum, seine eigenen Grenzen auszutesten. Diese Übungen sind **extrem anspruchsvoll** und entsprechend übeintensiv. Wir sind beide aktuell immer wieder damit beschäftigt und genießen die Herausforderungen, die in diesen Übungen stecken.

Neu sind auch die **Workouts** für Pad oder Drumset, die immer mal in den Kapiteln auftauchen. Diese Workouts behandeln ein eingegrenztes Thema und könnten ein Segment eurer **Überoutine** sein. Meist sind sie in 10-15 Minuten zu bewältigen.

Die **Videobeispiele**, die ihr euch mithilfe des Codes herunterladen könnt, sollen eine **Orientierungshilfe** sein. Hier findet ihr viele Beispiele zu den Übungen, die wahrscheinlich so manche Verständnishürde schnell erklären. Fast zu jedem Kapitel gibt es ein Videobeispiel. Zu Beginn orientieren sich die Beispiele ganz konkret an der Übung. Ab den advanced Kapiteln sind die Videobeispiele eher zusammenfassend und ausführlicher.
Das Kapitel **Sound, Phrasing, Projektion** findet in erster Linie auf Video statt, weil sich die Ideen und Übungen dazu besser in Ton und Bild erklären lassen als in Worten. Dieses Thema ist Renes Herzensangelegenheit und er hat entschieden, den Schwerpunkt eher auf die Videos- als in das Buch zu einzubringen.

Nichts geht schnell, so gerne wir alle das hätten. Komplexe **Übevorgänge** lassen sich von niemandem überlisten, sie brauchen **Zeit, Ruhe, Geduld und Disziplin**. Und sie brauchen letztlich immer wieder das Vertrauen in den Prozess, dass unser Üben uns **zum nächsten Schritt** bringt. Und dann geht es von dort aus weiter zum nächsten Schritt…
Üben ist ein wunderbares Beispiel dafür, dass es weniger um das Ziel- als um den Weg geht. Das Schreiben dieses Buchs hat übrigens eine ganz ähnliche Dynamik (und es hat großen Spaß gemacht).

Wir wünschen euch viel Vergnügen bei der Arbeit!

**Herzliche Grüße, Andy Gillmann & Rene Creemers**

# Notation Key

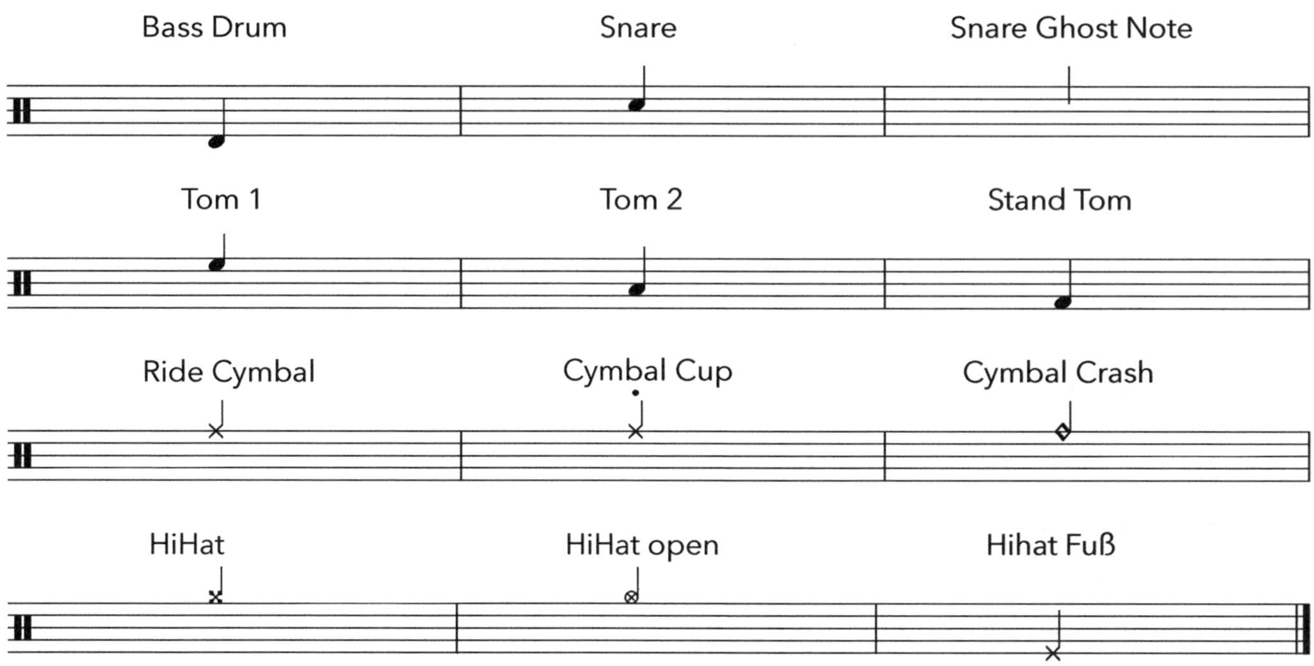


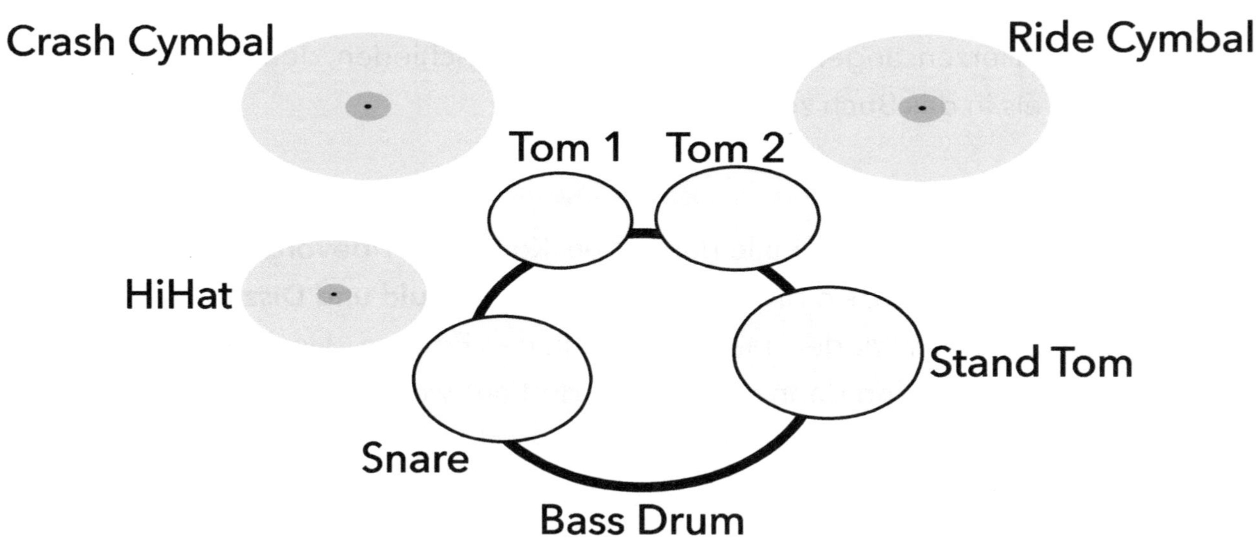

# DRUMMER'S INSPIRATION 2.0

## basic level

# 1 / Pop-Rock Beats binär

## *8-tel HH & 8-tel Leseübungen (Blatt 1+2) für BDr.*

Für die Gestaltung eines Pop-Rock Songs brauchen wir in erster Linie eine Flexibilität in den BDr. Figuren. Daran werden wir zunächst arbeiten.
Da im Bereich 8-tel **zwei HH Phrasierungen** gespielt werden, die sich gravierend voneinander unterscheiden, empfehlen wir euch, die Übungen für die BDr. mit beiden HH Phrasierungen zu spielen.
Meist entscheiden wir intuitiv, ob wir bei 8-tel Beats die HH mit- oder ohne Betonung auf den Viertelnoten spielen. Die eine Fraktion betont die Viertel-, die andere Fraktion „**tackert**" die 8-tel lieber durch. Klar ist, man sollte beide Phrasierungen spielen können. Mit Betonung auf den 4-teln klingt es ein bisschen entspannter, der Beat „**atmet**" mehr. Eine gleichmäßige Betonung auf allen 8-teln „**schiebt**" mehr. Spielt mal den gleichen Song mit der einen Phrasierung und dann mit der anderen. Das Resultat ist verblüffend, eben weil der Charakter der beiden Phrasierungen so unterschiedlich ist.
Und manchmal braucht man auch beide Phrasierungen innerhalb eines Songs. Z.B. die Strophen etwas entspannter und die Refrains dann mit mehr Schub...
Hier ein 4-taktiger Lesetext (Lü Blatt 1, Takt 1-4) für die BDr. mit den beiden Phrasierungen.

Der Punkt über der HH deutet an, dass man diese Phrasierung durchaus mit etwas Druck spielt.

Die dritte Möglichkeit im Rahmen von HH 8-teln verändert den Charakter der Beats ganz massiv und ist auch deutlich schwerer zu spielen. Der **Akzent** wird jetzt auf den **Und-Zeiten** gespielt, während die BDr. den Lesetext spielt.

**Wenn schon, denn schon!**

Wenn ihr dieses Feld komplett bearbeiten wollt, dann solltet ihr die drei Phrasierungen auch auf dem **Ride Cymbal** spielen. Koordinativ ändert sich hier nichts. Versucht klare Spielpositionen auf dem Cymbal zu finden:
Akzente = Cymbal Bell / Nicht-Akzent = Cymbal.
Außerdem ist jetzt der HH-Fuß frei. Ihr müsst also entscheiden, ob der HH-Fuß 4-tel spielt oder nur die „2" und „4".

**Nutzt die Leseübungen Blatt 1+2 zur Vertiefung und spielt alle drei Phrasierungen. Umso mehr Patterns ihr bearbeitet, desto größer wird eure Unabhängigkeit. Übt man zu Beginn einzelne Takte, so ist das Ziel natürlich, eine ganze Zeile- und später vielleicht auch mal eine ganze Seite der Lü am Stück zu spielen.**

***16-tel HH & Lü. 1 + 2***

Jetzt spielen die Hände (Hand to Hand) 16-tel auf der HH (plus natürlich den BackBeat auf „2" + „4"), dazu der Lesetext mit der BDr. Lü Blatt 1 / Takt 1-4:

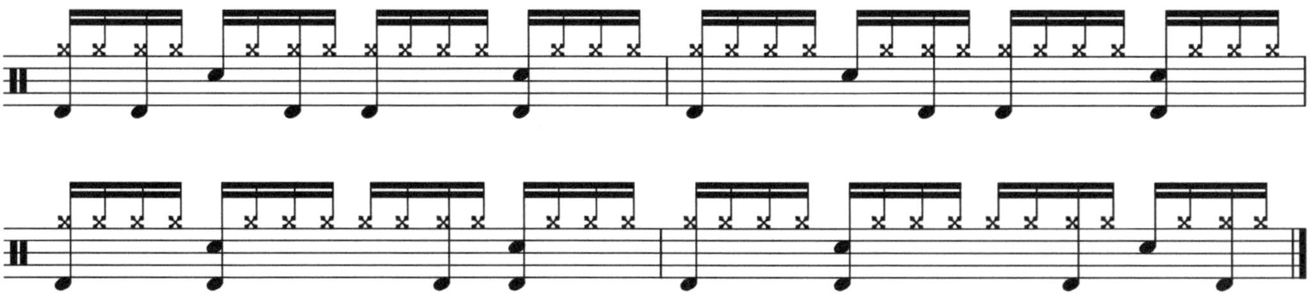

Für „Hand to Hand" 16-tel gibt es eine Reihe von **Alternativen** zur HH. Man kann z.B. die rechte Hand auf dem Cymbal- und die linke Hand auf der HH spielen. Oder die rechte Hand spielt auf der HH und die linke Hand spielt auf der Snare. Das sind **interessante Variationen** mit wenig Übeaufwand. Hier einige Beispiele.

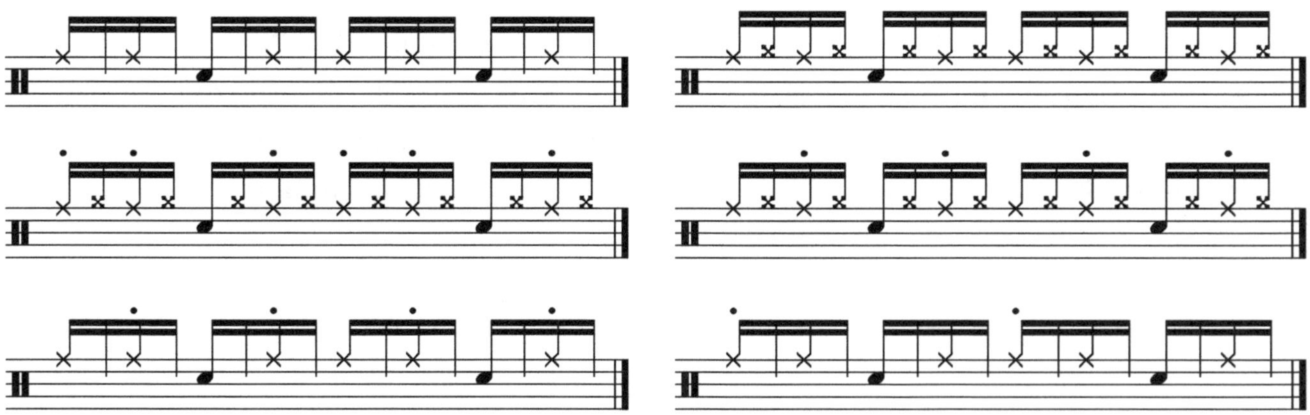

# BASIC WORKOUT 1

## Drumset:

1.

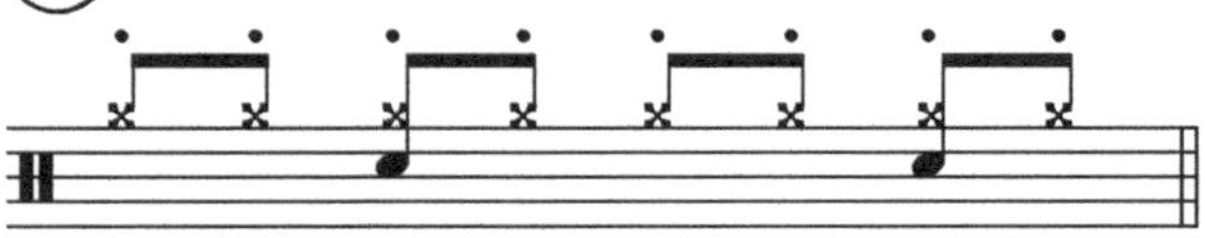

2.

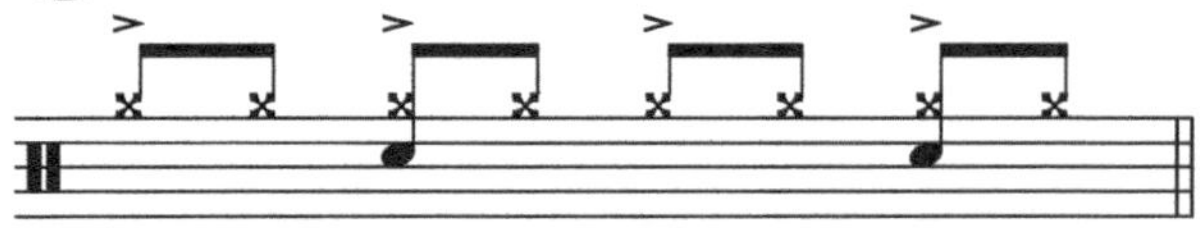

3.

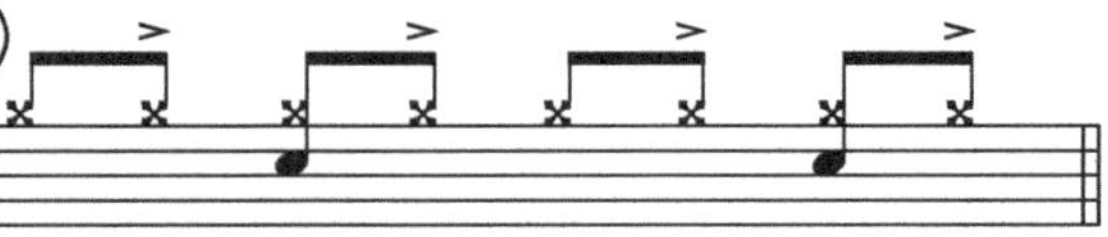

4.

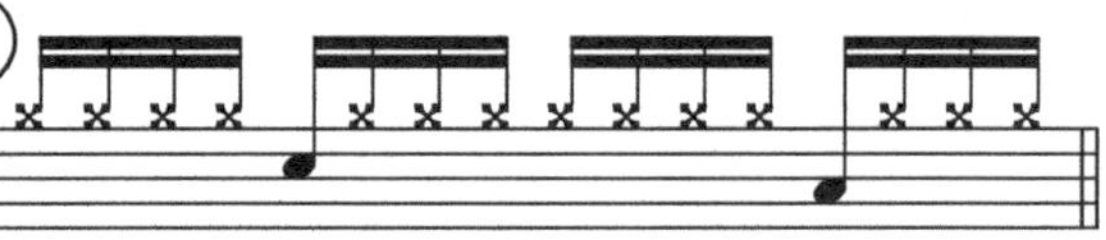

+

A.

B.

C.

D.

E.

F.

G.

H.

**_8-tel HH & 16-tel Lü. für BDr._**

Mit den 16-tel Leseübungen (Blatt 3+4) werden die Pattern für die BDr. nun deutlich komplexer und entsprechend schwerer zu spielen. Nutzt den ***basic Workout 1***, um einen guten Zugang in dieses Thema zu finden und spielt die vorbereitenden Übungen mit den **Positionen** der Einzel- und Doppelschläge im Takt. Dann seid ihr gut gerüstet für die Arbeit mit den Leseübungen.

**_8-tel HH & 16-tel Lü. Takt 1+2 für BDr._**

Von den HH 8-tel wechseln wir jetzt zu den 16-tel (Hand to Hand)

**_16-tel HH & 16-tel Lü. Blatt 1 / Takt 1+2_**

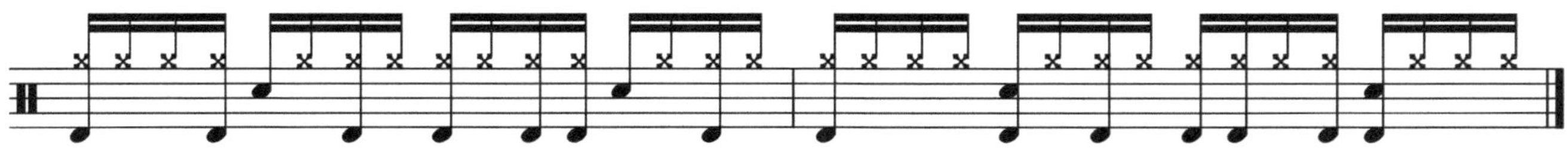

# 2 / Beat-Comping 8-tel binär

Diese Übung löst den Snare BackBeat auf „2" & „4" auf und fördert die **Beweglichkeit zwischen BDr. und Snare**. Dabei läuft die HH auf Achteln weiter.
Der Begriff Comping stammt aus der Klavierbegleitung im Jazz. Dabei spielt man die Akkorde, die die Melodie oder die Solisten begleiten, nicht stur jeweils auf die „1", sondern man variiert und verteilt die begleitenden Akkorde über den ganzen Takt. Das Feel wird dadurch leichter und ist nicht so Downbeat-lastig.

Im Schlagzeugkontext geht es auch um das **Variieren der Begleitung**. Die Instrumentation HH & Snare & BDr. bleibt bestehen, aber mit dem Beat-Comping lernt ihr, Variationen von Snare und BDr. zu spielen, ohne dass ihr gleich einen klassischer Fillin spielt.

Hier ein Beispiel für die Anwendung eines Beat-Compings (Lü Blatt 1 / Takt 1+2).

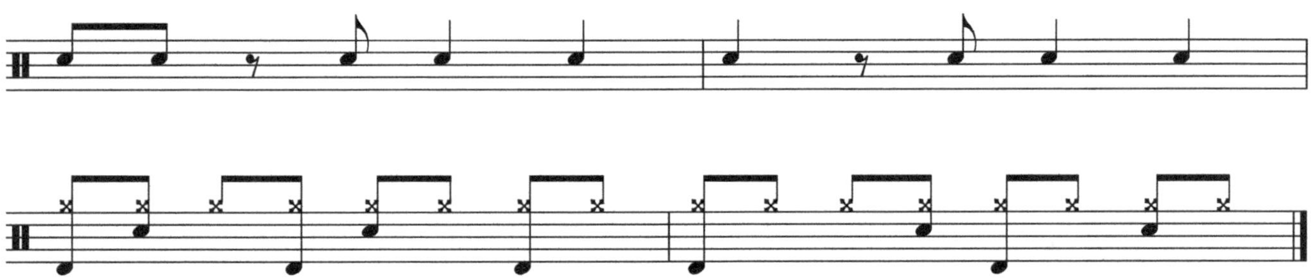

Und so könnte der Weg in kleineren Schritten zum Beat-Comping führen:
Spielt das Pattern **taktweise** erst mit der BDr., dann mit der Snare.

**Halbiert** das Pattern und spielt die erste Hälfte mit der BDr., die zweite Hälfte mit der Snare.

Jetzt wechseln wir **pro Viertel**. Bereich „1" und „3" spielt die BDr., Bereich „2" und „4" spielt die Snare.

Zuletzt werden die Noten des Pattern **konsequent abwechselnd** gespielt.

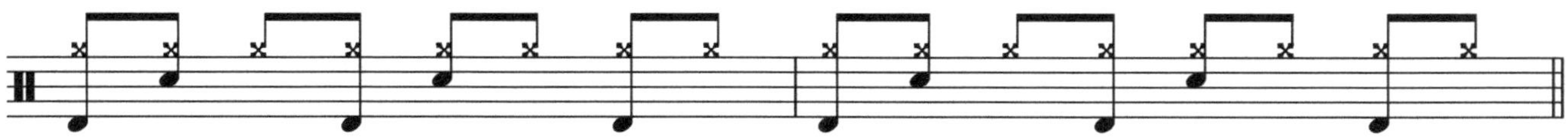

Sobald ihr in diesen Schritten einige Pattern bearbeitet habt, könnt ihr versuchen kleinere Sequenzen zu improvisieren. Denkt an die Melodie eines Songs und versucht, z.B. eine Strophe in Tief (BDr.) und Hoch (Snare) rhythmisch umzusetzen.

# BASIC WORKOUT 2

**Single Stroke:**

𝄆 R L R L  R L R L  R L R L  R L R L 𝄇

𝄆 $\overset{>}{R}$ L $\overset{>}{R}$ L  $\overset{>}{R}$ L $\overset{>}{R}$ L  $\overset{>}{R}$ L $\overset{>}{R}$ L  $\overset{>}{R}$ L $\overset{>}{R}$ L 𝄇

𝄆 R $\overset{>}{L}$ R $\overset{>}{L}$  R $\overset{>}{L}$ R $\overset{>}{L}$  R $\overset{>}{L}$ R $\overset{>}{L}$  R $\overset{>}{L}$ R $\overset{>}{L}$ 𝄇

**Double Stroke:**

𝄆 R R L L  R R L L  R R L L  R R L L 𝄇

𝄆 $\overset{>}{R}$ $\overset{>}{R}$ L L  $\overset{>}{R}$ $\overset{>}{R}$ L L  $\overset{>}{R}$ $\overset{>}{R}$ L L  $\overset{>}{R}$ $\overset{>}{R}$ L L 𝄇

𝄆 R R $\overset{>}{L}$ $\overset{>}{L}$  R R $\overset{>}{L}$ $\overset{>}{L}$  R R $\overset{>}{L}$ $\overset{>}{L}$  R R $\overset{>}{L}$ $\overset{>}{L}$ 𝄇

**1. Paradiddle:**

𝄆 R L R R  L R L L  R L R R  L R L L 𝄇

𝄆 $\overset{>}{R}$ L $\overset{>}{R}$ $\overset{>}{R}$  L $\overset{>}{R}$ L L  $\overset{>}{R}$ L $\overset{>}{R}$ $\overset{>}{R}$  L $\overset{>}{R}$ L L 𝄇

𝄆 R $\overset{>}{L}$ R R  $\overset{>}{L}$ R $\overset{>}{L}$ $\overset{>}{L}$  R $\overset{>}{L}$ R R  $\overset{>}{L}$ R $\overset{>}{L}$ $\overset{>}{L}$ 𝄇

# 3 / Pop-Rock Beats ternär

## *HH Shuffle & BDr. Lü. 5+6*

Beim **Shuffle** spielt die HH Phrasierung keine so große Rolle wie bei den binären Achtel-Beats. Hier geht es nur im Ausnahmefall um Akzentuierung auf den Vierteln oder den Und-Zeiten. Darum beschränken wir uns in den folgenden Übungen auf eine Phrasierung: Die rechte Hand spielt das Shuffle-Pattern auf der HH, die linke Hand spielt den BackBeat auf der Snare. Dazu die BDr. mit den Lü Blatt 5+6.
Wichtig: Wir unterscheiden bei der Übung zwischen **Fulltime** (BackBeat auf „2" & „4") und **Halftime** (BackBeat auf „3").

### *Fulltime (Lü Blatt 5, Takt 1+2):*

### *Halftime:*

Beim Shuffle spart man die mittlere Triole aus. Aber jetzt spielen wir **die komplette Triole** als HH Pattern. Zunächst nur mit der rechten Hand, dann mit beiden Händen (Hand to Hand), was deutlich schwerer ist. Warum? Bei 16-teln liegt der
4-tel Puls immer in der rechten Hand. Bei „Hand to Hand" Triolen wechselt er von 4-tel zu 4-tel. Das ist eine echte Herausforderung an unsere Koordination.
Zunächst die HH-Triolen nur mit der rechten Hand.

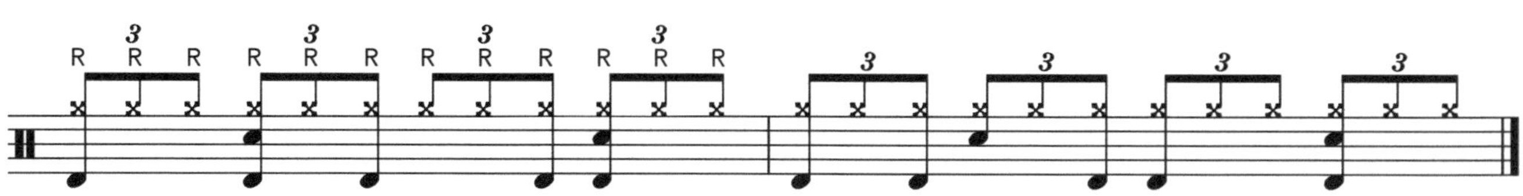

Jetzt abwechselnd, **Hand to Hand**.

Auch hier gibt es für die „Hand to Hand" gespielte Figur einige Alternativen in der Orchestrierung. Man kann z.B. die rechte Hand auf dem Cymbal- und die linke Hand auf der HH spielen. Oder die rechte Hand spielt auf der HH und die linke Hand spielt auf der Snare. Hier einige Beispiele.

# 4 / Beat-Comping 8-tel ternär

Auch hier gilt: Die Instrumentation HH & Snare & BDr. bleibt bestehen, aber mit dem Beat-Comping lernt ihr, **Variationen von Snare und BDr.** zu spielen, ohne dass ihr gleich einen klassischer Fillin spielt. In der Praxis ist das eine hilfreiche Alternative.

Hier ein Beispiel für die Entwicklung vom Pattern - zum Beat - zum Comping.

***Lü Blatt 5 / Takt 1+2:***

Und so könnte der Weg in kleineren Schritten zum Beat-Comping führen: Spielt das Pattern **abwechselnd** erst mit der BDr., dann mit der Snare.

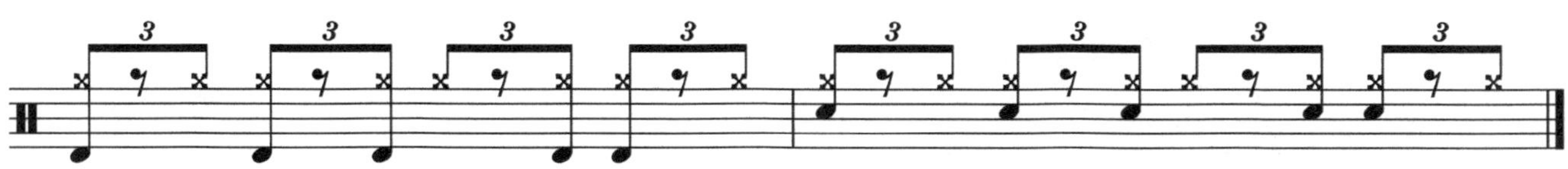

**Halbiert** das Pattern und spielt die erste Takthälfte mit der BDr., die zweite Hälfte mit der Snare.

Jetzt wechseln wir **pro Viertel**. Bereich „1" und „3" spielt die BDr., Bereich „2" und „4" spielt die Snare.

Zuletzt werden die Noten des Pattern **konsequent abwechselnd** gespielt.

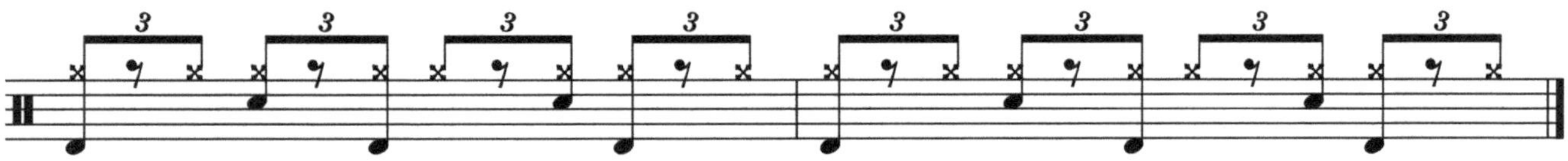

# 5 / Balance: 3 way Coordination - Level I

Die „3 Way Coordination" Übungen bilden einen ganz speziellen Teil im weiten Feld unseres **Übespektrums**. Hier geht es um die grundsätzliche **Koordination** unserer vier Gliedmaßen, die ja beim Trommeln fast immer gleichzeitig im Einsatz sind.
Mithilfe dieser Übungen entwickelt ihr ein **starkes Bewusstsein** für das einzelne Gliedmaß, im Gegensatz zum sonstigen Trommeln, wo die Gliedmaßen meist im Verbund agieren.
Diese Übungen klingen unspektakulär, haben es aber in sich und fördern oft zu Tage, wie schwer es uns fällt, ein einzelnes Gliedmaß zu **entkoppeln**.

**5/1**

In der ersten Übung spielen drei Gliedmaßen gleichzeitig 4-tel, während das vierte Gliedmaß 8-tel spielt. Erst die rechte Hand (Cymbal), dann die BDr., dann die linke Hand (Snare) und zuletzt der HH Fuß. Probiert ein bisschen damit herum, bevor ihr die Übung in einem regelmäßigen Turnus spielt, so wie hier im Notenbeispiel.

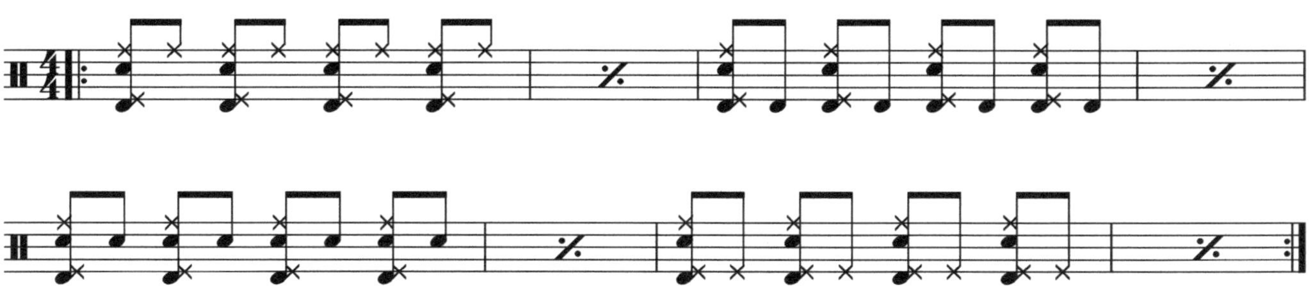

**5/2**

Jetzt spielen drei Gliedmaßen gleichzeitig, während das vierte Gliedmaß die „Und Zeiten" spielt.

5/3

## 2 gegen 2

Bei dieser Übung geht es um **Präzision** und später auch um Tempo. Immer zwei Gliedmaßen spielen gleichzeitig „gegeneinander". Steigert das Tempo langsam und kontinuierlich und hört aufmerksam, wann eure Präzision instabil wird. Genau an dieser Stelle müsst ihr üben. Sobald es wieder stabil ist, könnt ihr das Tempo weiter steigern.

***Rechte Seite gegen die linke Seite (und umgekehrt).***

***Hände gegen Füße (und umgekehrt).***

***Über kreuz (und umgekehrt).***

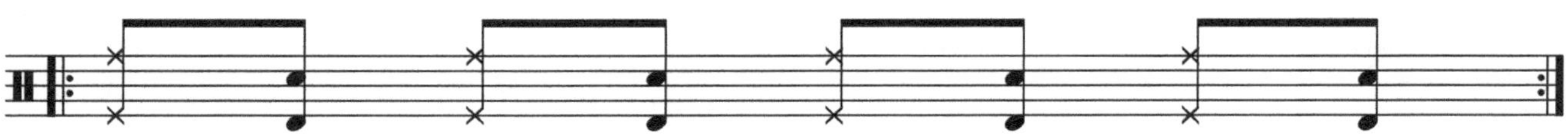

# BASIC WORKOUT 3

I

II

# 6 / Fillins binär

Wir beginnen mit einigen **Fillin Interpretationen** im 8-tel Bereich.
In einem **soliden Pop-Rock Drumming** sind diese Fillins unverzichtbar..
Wie immer nutzen wir die Lü, um möglichst viele Pattern (Fillins) zu gewinnen..

## 6/1

### *„Hand to Hand" 8-tel & Akzente*

Die Hände spielen 8-tel. Die Noten der Lü Blatt 1, Takt 1-4 werden zu Akzenten..
**Sound**: Für einen guten Sound braucht ihr eine klare Differenzierung zwischen Akzent und nicht-Akzent..

Jetzt verteilen wir die Akzente auf die **Toms** (r.Hand = St.Tom / l.Hand = 1.Tom)..
Alle nicht akzentuierten Noten bleiben auf der Snare. Das klingt einfach, ist aber in der Praxis ganz schön schwer. Wählt ein langsames Tempo und spielt die Pattern erst mal einzeln.
Entscheidet selbst, ob ihr bei diesen Übungen die HH und / oder die BDr. in 4-teln dazu spielt.

Ok, es wird **komplexer** (und **lauter**). Wir verteilen die Akzente auf die **Crashes** (plus BDr.). Natürlich kann man auf der rechten Seite auch auf das Ride Cymbal verteilen.

**Eine Challenge**: Spielt kleine Soli von vier oder acht Takten. Bleibt im System also nur 8-tel "Hand to Hand" und variiert sowohl die Instrumentation (Snare, Toms, Crashes) als auch das Akzent Pattern. **Improvisiert!**

6/2

Die Hände spielen **16-tel**. Die Noten der 8-tel Lü Blatt 1, Takt 1+2 werden zu Akzenten. Bei diesen Fillins fallen alle Akzente auf die r.Hand.

Akzente auf die Toms:

Akzente auf Cymbal (plus BDr.):

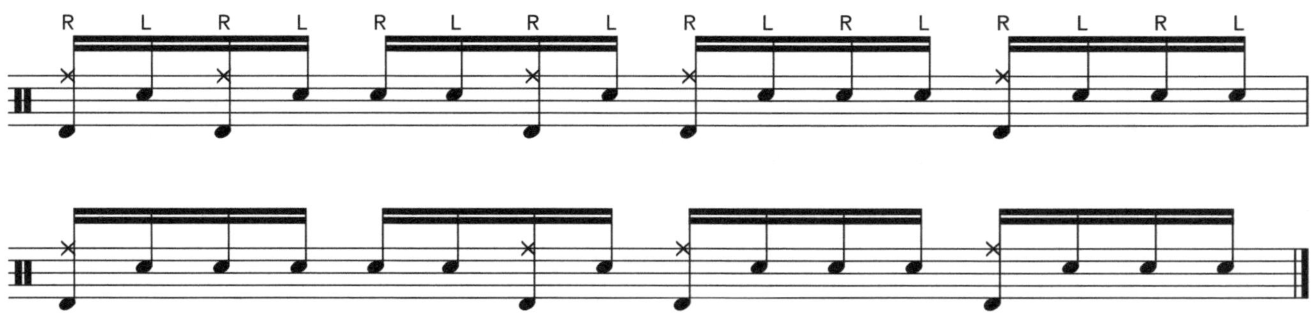


6/3

**„Right hand lead"**

...bedeutet: Die rechte Hand führt.

Dabei spielt ihr die Akzente (die Noten der Lü) mit der rechten Hand, alle „Nicht Akzente" spielt ihr mit der linken Hand.

Diese Aufteilung ist das klassische Gegenstück zum „Hand to Hand" Sticking. Da hier nur eine Hand akzentuiert und verteilt, fühlt sich das Ganze ein bisschen „cooler" und eleganter an.

Wir beginnen auf dem **Pad** / der Snare.

***Lü Blatt 1, Takt 1-4***

Jetzt die Akzente auf die **Toms**.

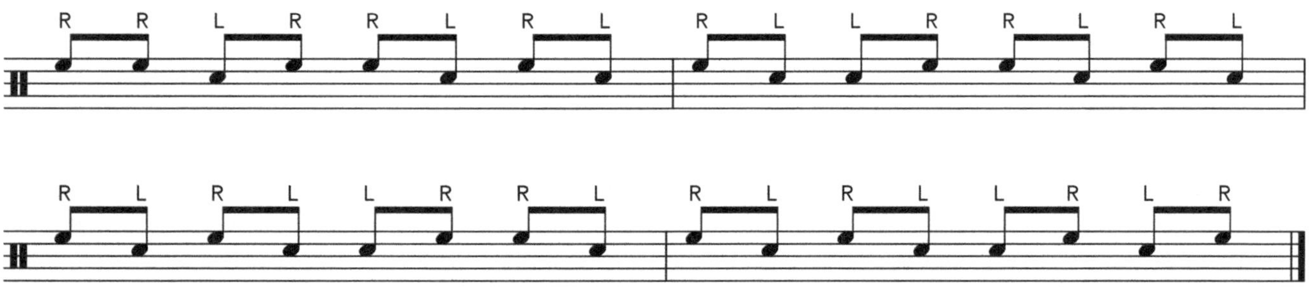


Und dann die Akzente auf die **Crashes** (plus BDr.).

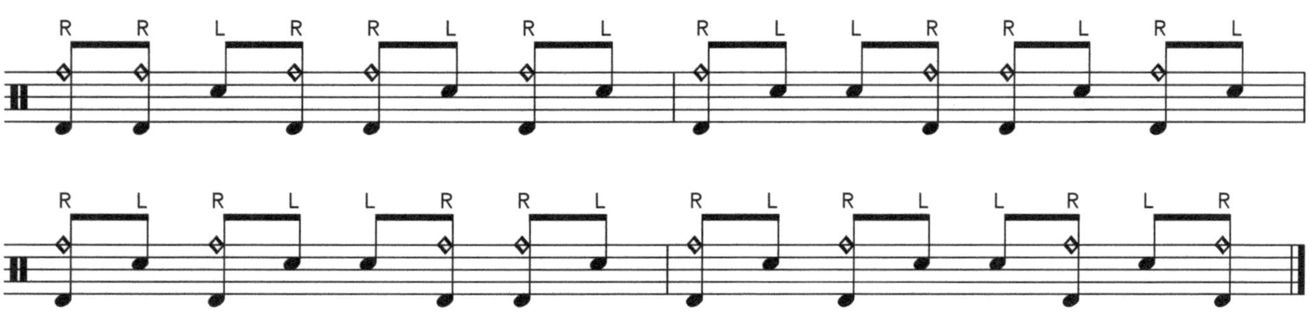

Es ist wichtig, dass ihr lernt, auch innerhalb eines Patterns auf Snare / Toms und auf Cymbal (plus BDr.) zu verteilen. Das ist eine echte Herausforderung, aber auch ein toller Sound. Ein 2-taktiges Beispiel (Lü Takt 1+2):

6/4

**Hände gegen Fuß**

Mit der folgenden Interpretation kreieren wir einen Typ Fillin mit einem sehr **rockigen Sound**. Die Koordination ist jetzt recht anspruchsvoll, weil die BDr. in den Fillin integriert wird.
Die Noten der Lü werden mit beiden Händen gleichzeitig gespielt (r.H. = St.Tom / l.H. = Snare). Der Platz zwischen den Noten der Lü wird mit der BDr. ausgefüllt.

Noch knackiger klingt es, wenn ihr die r.H. statt auf dem St.Tom auf dem Crash spielt. Z.B. Taylor Hawkins, der Drummer von den „Foo Fighters", nutzt diesen Typ Fillin öfter..

# BASIC WORKOUT 4

1. RRLL RRLL
2. RLLR RLLR
3. LLRR LLRR
4. LRRL LRRL

I

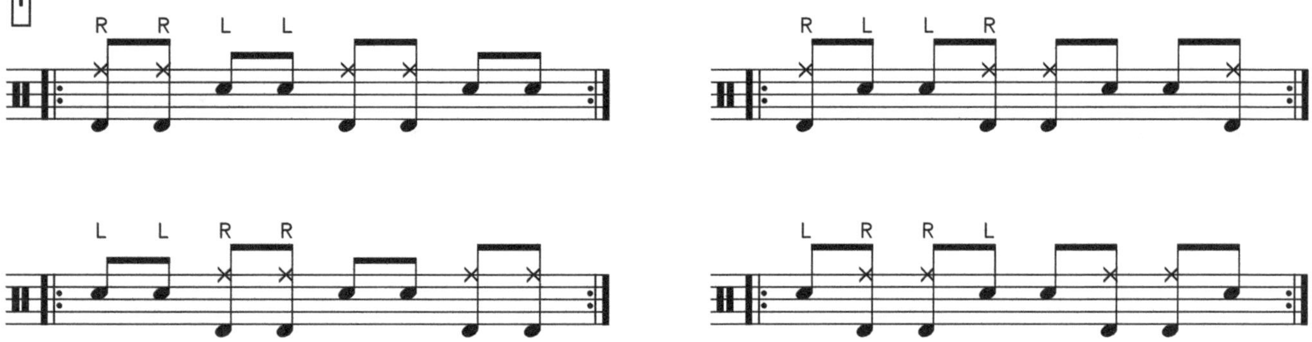


II

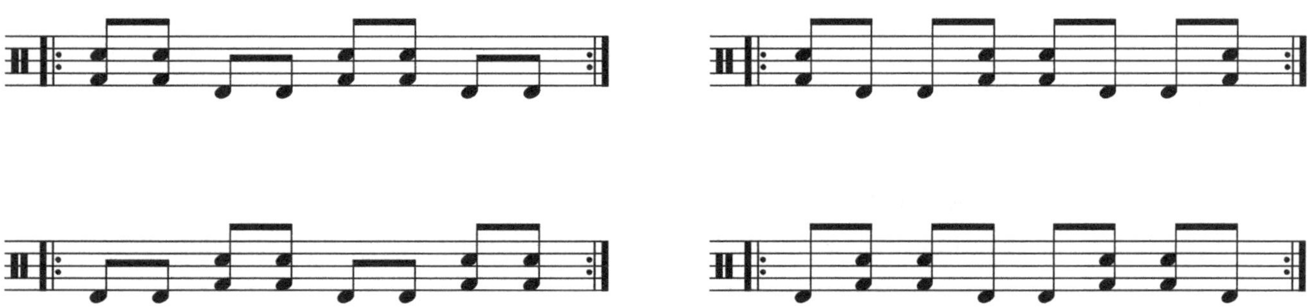

# 7 / Fillins ternär

## 7/1

Hier unterscheidet man zwischen zwei Typen von Fillins. Der eine Typ basiert auf den **Shufflenoten**, also auf der jeweils ersten- und dritten Triole:

Beim zweiten Typ spielt man **alle 8-tel Triolen**.

Mal abgesehen davon, dass diese beiden Fillintypen recht unterschiedlich klingen, setzt man die geshuffleten Fillins eher in schnelleren Tempi ein und die 8-tel Triolen Fillins eher bei langsamen Tempi.
Warum? In einem hohen Tempo (150 bpm aufwärts), wird es bei 8-tel Triolen erstens technisch immer schwerer und zweitens klingt es auch etwas hektisch.
Bei der geshuffleten Version verhält es sich anders herum. Ist das Tempo zu langsam (80 bpm und langsamer), klingt es zäh und müde.

Wir beginnen mit der **geshuffleten Version**. Erinnert euch an die binären Fillins 6a-c. Genau diese drei Fillin Typen werden jetzt geshuffelt gespielt. Alle folgenden Beispiele beziehen sich auf die ersten beiden Takte der Lü Blatt 5.

**„Hand to Hand" & Akzente.**

Akzente auf die **Toms**.

Akzente auf **Crashes** (plus BDr.)

Und jetzt mit dem **„right hand lead"** Sticking.

Akzente auf die **Toms**.

Akzente auf **Crashes** (plus BDr.)

**7/2**

Und jetzt mit der **kompletten Triole**. Das ist anfangs etwas gewöhnungsbedürftig, weil der Puls, also die Zählzeiten 1, 2, 3, 4 abwechselnd mit der rechten- und linken Hand gespielt werden.

**„Hand to Hand"** & Akzente.

Akzente auf die **Toms**. R.Hand = St.Tom, l.Hand = 1.Tom

Akzente auf **Crashes** (plus BDr.)

Bringt zum Abschluss alle drei Orchestrierungen zusammen und spielt 2 Takte Groove und 2 Takte Fillin. Dann erweitert ihr auf jeweils 4 Takte. Bis hin zu kleineren, vielleicht 8-taktigen Soli, in denen ihr versucht, im geübten System zu bleiben.
Hier der 3. + 4. Takt der Lü als Groove und Fillin.

# 8 / Paradiddle Fillins & Beats - Level I

## 8/1

**Fillins**

Es gibt vier verschiedene Paradiddles. Im basic level beschäftigen wir uns mit den ersten beiden Paradiddles:

**1. RLRR LRLL RLRR LRLL**

**2. RLLR LRRL RLLR LRRL**

In einem Paradiddle steckt **ein ganzer Cosmos** an Möglichkeiten in Richtung Beats und Fillins. Wir werden in diesem Buch viele dieser Optionen aufzeigen. Falls diese beiden Stickings Neuland für euch sind, dann müsst ihr euch in Ruhe damit vertraut machen. Der **Akzent auf dem Puls** erleichtert die rhythmische Orientierung und gibt dem Paradiddle ein Profil.

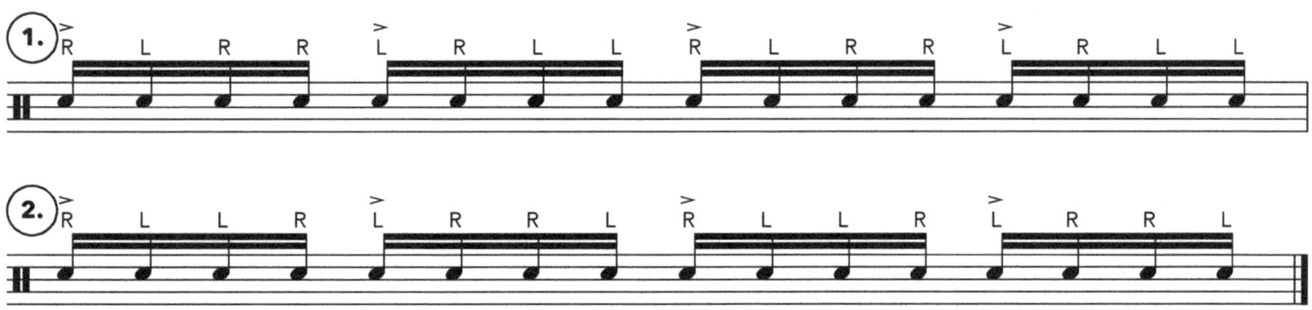


**Akzente auf die Toms.**

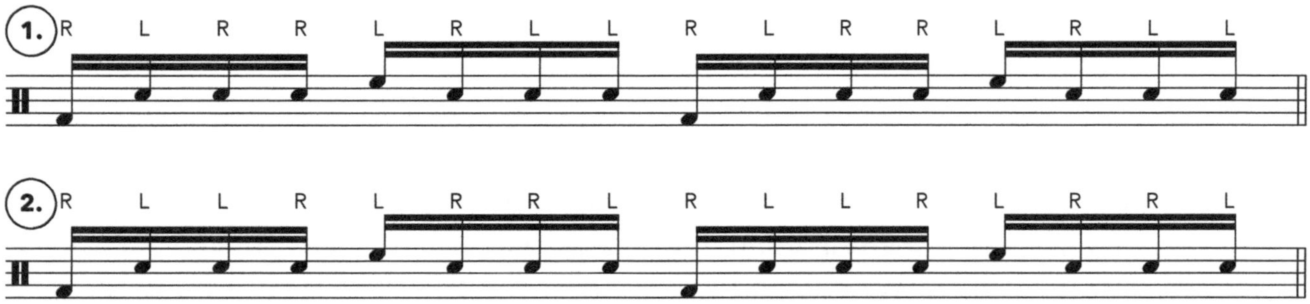

**Akzente auf Crashes** (plus BDr.)

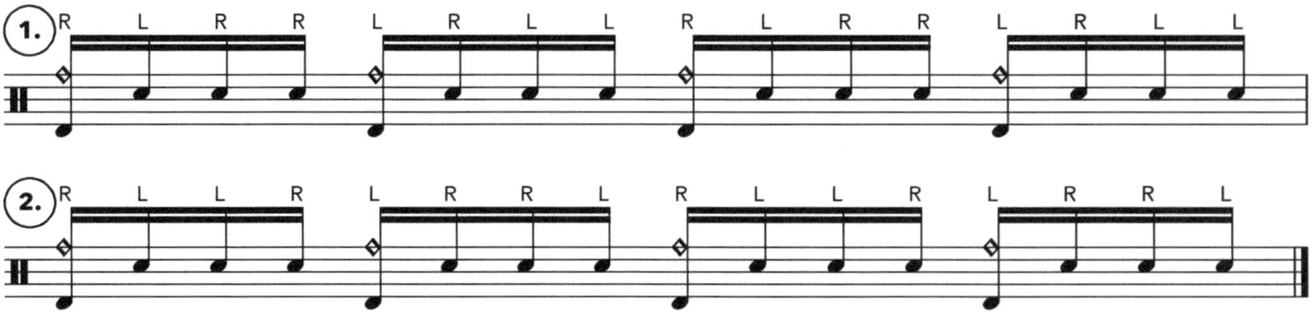


Jetzt trennen wir die Hände. R.H. aufs St.Tom, l.H. auf die Snare. Hört auf die rhythmische **„Melodie" der Hände**.

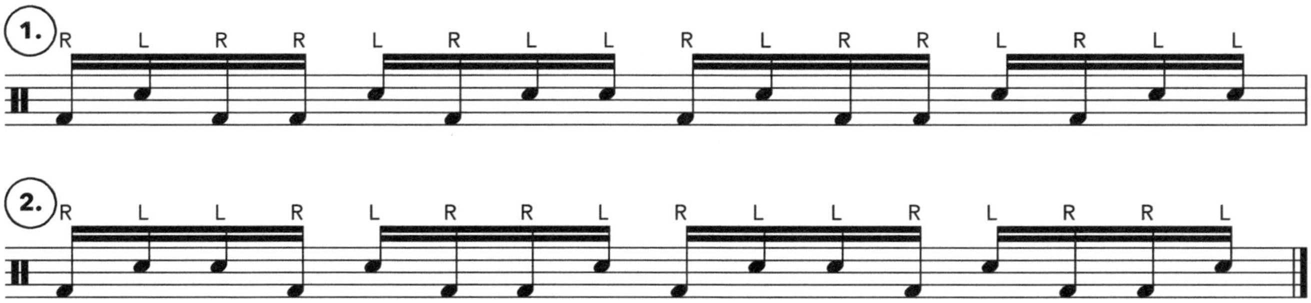


**Beweglichkeit!**

Spielt eine 4-tel BDr. und verteilt zunächst mal nur die rechte Hand auf den Toms, während die linke Hand auf der Snare bleibt. **Jede Verteilung** ist ein **potenzieller Fillin**. Bezieht auch die Crashes mit ein. Macht euch auf die Suche nach Patterns, nach Motiven, die euch gefallen und **kombiniert** sie mit einem Beat.
Später könnt ihr auch die linke Hand auf Snare und Toms verteilen. Die Herausforderung bei den Verteilungen ist es, nicht das Paradiddle Sticking zu verlieren.

***8/2***

**Beats**

Der erste Beat ergibt sich im Prinzip aus der **Orchestrierung**:
Rechte Hand auf der HH, linke Hand auf der Snare. Dazu die BDr. auf „1" + „3" - fertig ist der erste Paradiddle-Beat. Auf der Zählzeit „2" und „4" liegt der BackBeat, da brauchen

wir also einen Akzent. Wenn ihr es ein bisschen heftiger haben wollt, dann spielt die r.H. auf dem St.Tom.

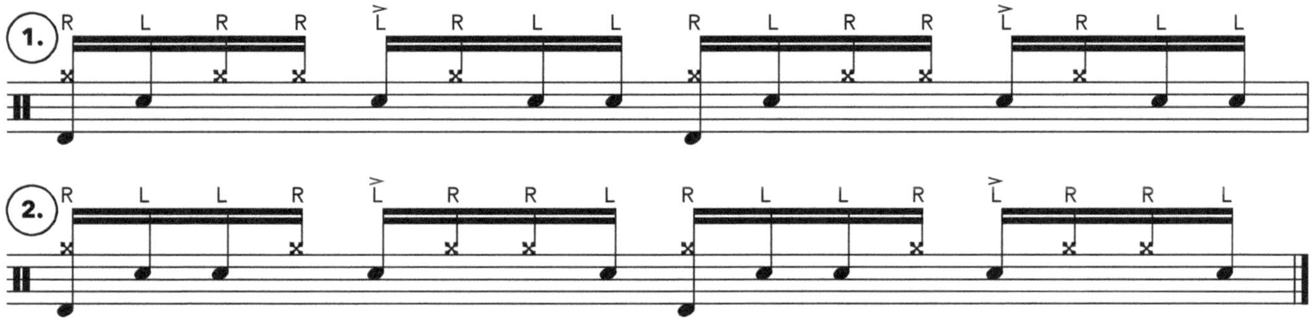


Jetzt belegen wir alle rechten Schläge mit einer BDr. Das klingt natürlich **wesentlich wuchtiger.**.

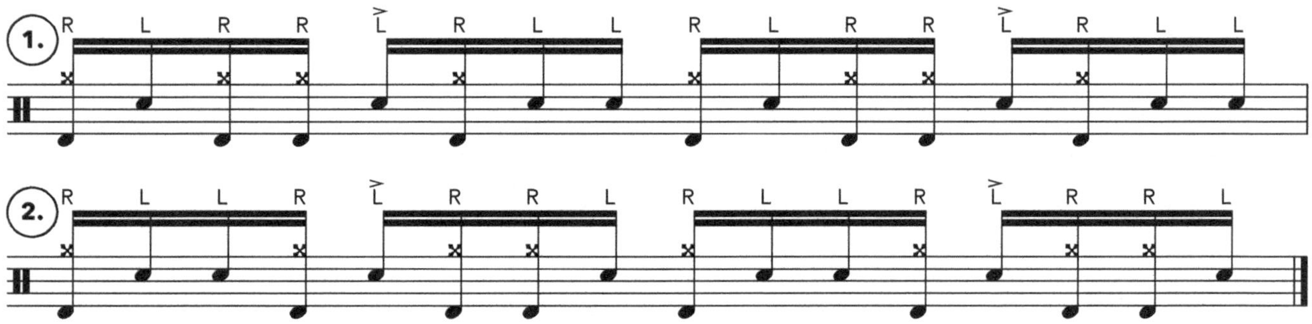


Versucht lange Passagen mit Paradiddle- Beats und Fillins zu spielen, ohne das Sticking zu unterbrechen. Wechselt bei den Grooves zwischen HH und Ride-Cymbal.

**Gratulation!** Ihr habt euch durch das ***basic level*** hindurchgearbeitet. Independence, Koordination und Orchestrierung haben **ein solides Fundament** und ihr seid bereit für die nächsten Schritte. Freut euch auf interessante und anspruchsvolle Konzepte für euer Drumming im ***advanced level***!

# BASIC WORKOUT 5

**Spielt die Takte**

**a) ...von unten nach oben und zurück**

**b) ...durcheinander**

**c) ...halbiert die Taktlänge**

# DRUMMER'S INSPIRATION 2.0

## advanced level

**Die advanced Kapitel umfassen eine umfangreiche Sammlung an Groove- und Fillin Konzepten, an Koordinationsübungen, Interpretationen, Orchestrierungen, Cross Rhythmus Übungen und Workouts zu den genannten Themen.**

Wir arbeiten seit Jahren mit unseren Schülern und Studenten mit diesen Konzepten und möchten euch empfehlen, euch intensiv mit den folgenden Kapiteln zu beschäftigen.
Achtung: Auch wenn es manchmal nur einen einzigen Satz braucht, um eine Übung zu formulieren. Viele der Themen benötigen mehrere Tage und Wochen, bevor man sie flüssig am Set spielen kann.
Entscheidet selbst, mit welchen Themen ihr euch beschäftigen wollt. Es ist nicht unbedingt notwendig, die Kapitel der Reihe nach zu bearbeiten.

# 1 / Beats - Entkopplung der rechten Hand (8-tel)

Video 9

Im ***basic level*** haben wir mit Übungen zur Unabhängigkeit der BDr. begonnen. Jetzt richtet sich der **Focus** auf unsere **rechte Hand**. Ziel der kommenden Übungen ist es, die rechte Hand zu entkoppeln- und sie Schritt für Schritt von der linken Hand und der BDr. unabhängig zu machen.
In Pop- und Rockmusik ist unser **Gestaltungsspielraum** begrenzt. Wir können nicht mal eben ein bisschen mit der BDr. variieren oder den BackBeat verschieben. Das würde den Song stark verändern und den Focus auf die Drums richten. Und das ist nicht erwünscht. Unser Job ist es, **für den Song** zu **spielen**, ihn zu begleiten.
Veränderungen und **Variationen** in der HH oder auf dem Ride sind **subtiler** und somit ist der „Spielraum" hier auch deutlich größer. Um diesen Raum zu nutzen, brauchen wir **Beweglichkeit** und **Unabhängigkeit**. Die folgenden Übungen werden euch helfen, diese Bereiche zu entwickeln. Ein wichtiger Impuls für diese Art zu spielen waren z.B. Steward Copeland von „The Police" oder Manu Katche, der u.a. bei Sting und bei Peter Gabriel spielte.

## *1/1*

Wir beginnen mit **Akzenten in der 8-tel HH**. Dazu spielen BDr. und Snare „BuffZack", also BDr. auf „1" und „3" und der Snare BackBeat auf „2" und „4". Hier Takt 1-4 der Lü, Blatt 1

Jedes einzelne Pattern der Lü. braucht seine Zeit. Ihr könnt die Übung auch zunächst mal nur mit der HH spielen, dann kommt die BDr. dazu und später die Snare. Wer in der Gestaltung und im Aufbau solcher Übungen **flexibel und kreativ** ist, der kommt schneller ans Ziel.
**Das Pendant** zu den HH-Akzenten ist die Glocke des Ride Cymbal.
Und wie immer, wenn ihr auf dem Ride spielt, stellt sich die Frage: Was macht der HH-Fuß. Wir empfehlen euch 4-tel oder die HH auf der „2 und „4".

Hier die Übung mit dem Ride Cymbal - Akzente auf Cymbal Cup:

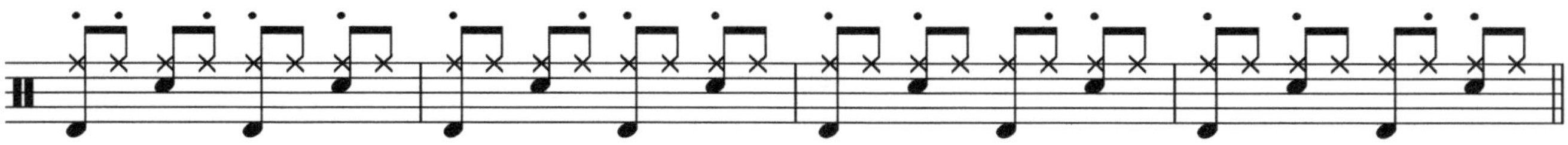

Jetzt lösen wir die rechte Hand aus dem 8-tel Kontext und spielen nur noch die Noten der Lü. Ein völlig anderer Sound..

Schwieriger wird es, wenn wir die Noten der Lü. als **HH-Öffnungen** in die 8-tel HH integrieren. Jede Note der Lü wird exakt für ein 8-tel geöffnet und nach einem 8-tel wieder geschlossen. Folgen zwei oder mehr 8-tel Noten im Pattern aufeinander, dann bleibt die HH entsprechend lange geöffnet.

Die vorangegangenen Übungen zielen darauf ab, das BDr. / Snare Pattern unberührt zu lassen, während die rechte Hand zunehmend variieren und gestalten kann. Wirklich frei wird es, wenn ihr die Pattern der rechten Hand nicht nur auf der HH spielt (Übung 1c), sondern auf das **komplette Set** verteilt. Hier ein Beispiel:

Mit diesem Ansatz könnt ihr „**Beats komponieren**" und das ganze Set mit einbeziehen.

**1/2 / Beats - Entkopplung 16-tel - Hand to Hand**

Auch hier geht es darum, Akzente in das HH Pattern zu integrieren.
Bevor ihr mit den 16-tel Lü. arbeitet, empfehlen wir euch, zunächst die 4 Positionen der regelmäßigen Akzente (Single- und Doppelschläge) zu üben.
Danach seid ihr fit für die Arbeit mit den Lü. Blatt 3+4.
Und so sieht es aus, wenn wir die Lü (Takt 1+2 / Blatt 3) in die HH integrieren. Das Ganze hat einen coolen, **funky Sound**.

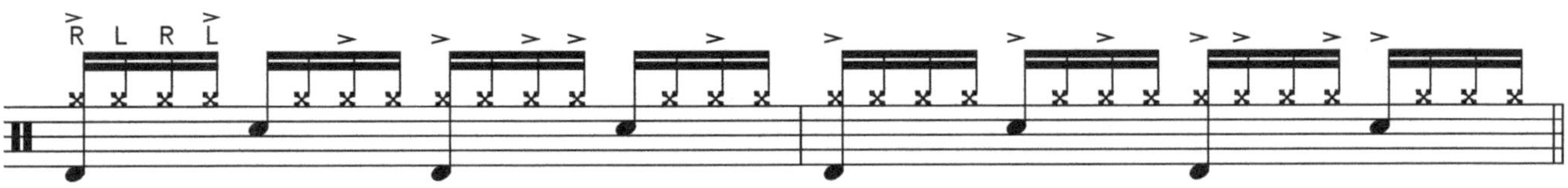

# 2 / Paradiddle-Beats - Level II

Video 10

Diese Beats sind durch ihr Sticking eine prima Abwechslung zu den 8-tel- oder 16-tel Grooves der ersten Kapitel. Spielt die rechte Hand auf der HH und die linke Hand auf der Snare (mit einem Akzent / BackBeat auf „2" und „4"). Dazu noch die BDr auf „1" und „3" und schon habt ihr die einfachste Form eines Paradiddle-Beats.

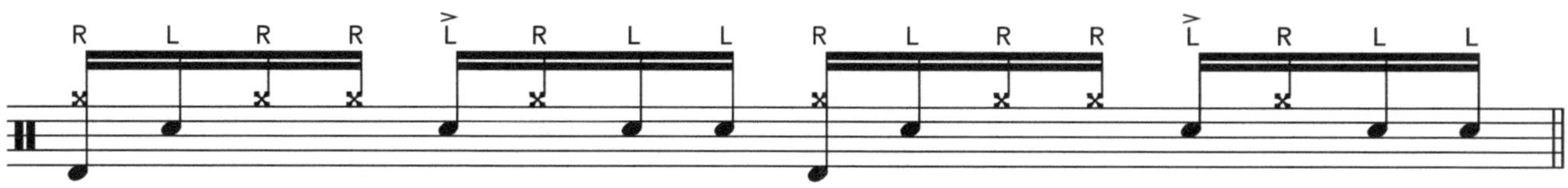


Auch wenn es noch drei weitere Paradiddle Stickings gibt, ist es auf Dauer langweilig, die BDr. immer nur auf „1" und „3" zu spielen.
Wenn man den Paradiddle als 16-tel Figur notiert, dann gibt es **acht Möglichkeiten**, eine BDr. zu einem Cymbal (R.Hand Schläge) zu spielen. Jede Zahl unter dem Sticking steht für eine mögliche BDr. Belegung..

**Nr 1**

RLRR >LRLL RLRR >LRLL
1 23 4 5 67 8

**Nr 2**

RLLR >LRRL RLLR >LRRL
1 2 34 5 6 78

**Nr 3**

RRLR >LLRL RRLR >LLRL
12 3 4 56 7 8

**Nr 4**

RLRL >LRLR RLRL >LRLR
1 2 3 4 5 6 7 8

Hier einige Beispiele für unterschiedliche Kombinationen, die recht funkig und soulig klingen.

## 1. Paradiddle

BDr. Belegung auf 1- 4 - 6 - 7 sieht notiert so aus:

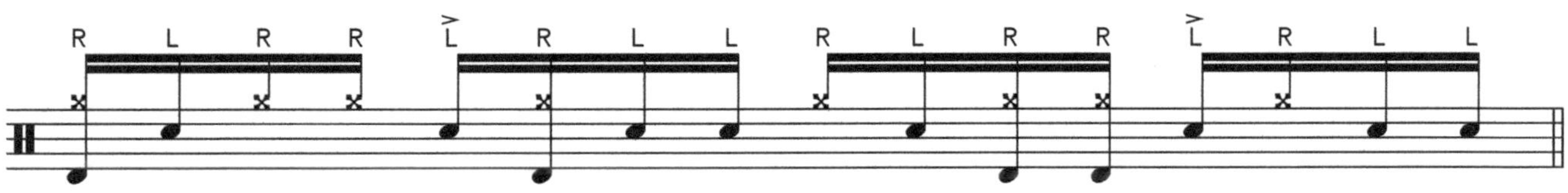


## 2. Paradiddle

BDr. Belegung auf 1- 2 - 3 - 4:

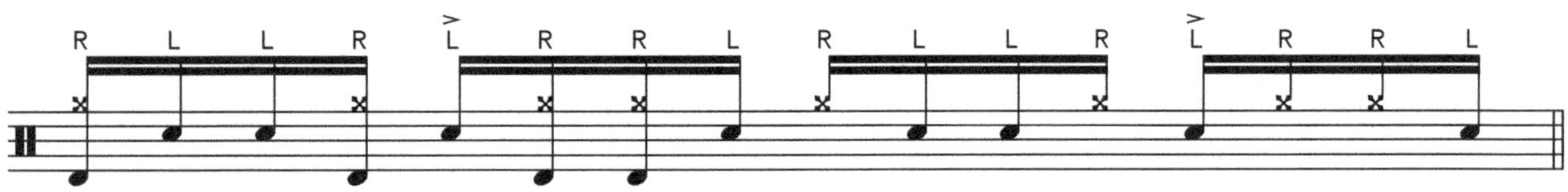


## 3. Paradiddle

BDr. Belegung auf 1- 3 - 5- 6 - 7:

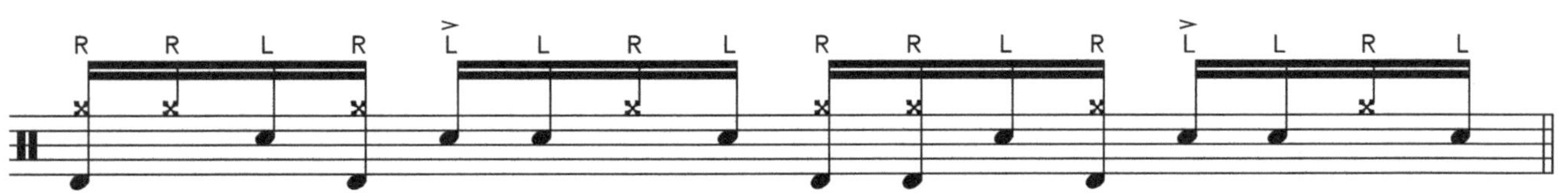


## 4. Paradiddle

BDr. Belegung auf 1- 2 - 7 - 8:

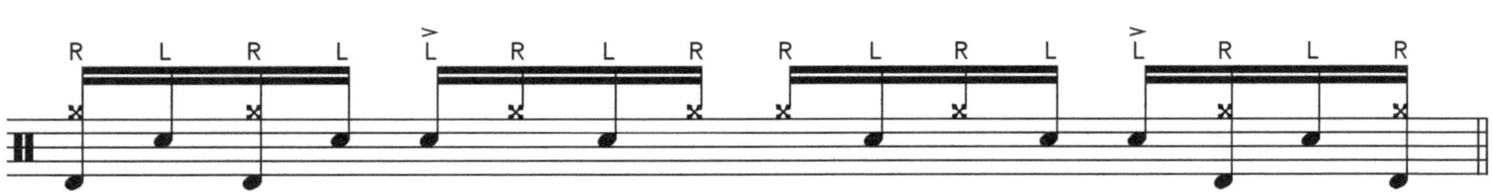

Diese Beats sind nicht einfach zu spielen. Um solche Kombinationen möglichst locker und schnell zu beherrschen, empfiehlt es sich, systematisch an diese Grooves heran zu gehen. Wem diese sehr akribische Art zu üben liegt, der kann sich hier wunderbar austoben.
Wem das zu sehr ins Detail geht, der kann sich einzelne Kombinationen herauspicken.

Spielt die **BDr.** zunächst **in Zweiergruppen:**

**1 + 2 / 1 + 3 / 1 + 4 / 1 + 5 / 1 + 6 / 1 + 7 / 1 + 8**

**2 + 3 / 2 + 4 / 2 + 5 / 2 + 6 / 2 + 7 / 2 + 8**

**3 + 4 / 3 + 5 / 3 + 6 / 3 + 7 / 3 + 8**

**4 + 5 / 4 + 6 / 4 + 7 / 4 + 8**

**5 + 6 / 5 + 7 / 5 + 8**

**6 + 7 / 6 + 8**

**7 + 8**

Dann in **Dreiergruppen:**

**1 + 2 + 3 / 1 + 2 + 4 / 1 + 2 + 5 / 1 + 2 + 6 / 1 + 2 + 7 / 1 + 2 + 8**

**2 + 3 + 4 / 2 + 3 + 5 / 2 + 3 + 6 / 2 + 3 + 7 / 2 + 3 + 8**

**3 + 4 + 5 / 3 + 4 + 6 / 3 + 4 + 7 / 3 + 4 + 8**

**4 + 5 + 6 / 4 + 5 + 7 / 4 + 5 + 8**

**5 + 6 + 7 / 5 + 6 + 8**

**6 + 7 + 8**

**Vierergruppen:**

1 + 2 + 3 + 4 / 1 + 2 + 3 + 5 / 1 + 2 + 3 + 6 / 1 + 2 + 3 + 7 / 1 + 2 + 3 + 8

2 + 3 + 4 + 5 / 2 + 3 + 4 + 6 / 2 + 3 + 4 + 7 / 2 + 3 + 4 + 8

3 + 4 + 5 + 6 / 3 + 4 + 5 +7 / 3 + 4 + 5 + 8

4 + 5 + 6 + 7 / 4 + 5 + 6 + 8

5 + 6 + 7+ 8

**Fünfergruppen:**

1 + 2 + 3 + 4 + 5 / 1 + 2 + 3 + 4 + 6 / 1 + 2 + 3 + 4 +7 / 1 + 2 + 3 + 4 + 8

2 + 3 + 4 + 5 + 6 / 2 + 3 + 4 + 5 + 7 / 2 + 3 + 4 + 5 + 8

3 + 4 + 5 + 6 + 7 / 3 + 4 + 5 + 6 + 8

4 + 5 + 6 + 7 + 8

**Sechsergruppen:**

1 + 2 + 3 + 4 + 5 + 6 / 1 + 2 + 3 + 4 + 5 + 7 / 1 + 2 + 3 + 4 + 5 + 8

2 + 3 + 4 + 5 + 6 + 7 / 2 + 3 + 4 + 5 + 6 + 8

3 + 4 + 5 + 6 + 7+ 8

**Siebenergruppen:**

1 + 2 + 3 + 4 + 5 + 6 + 7 / 1 + 2 + 3 + 4 + 5 + 6 + 8

2 + 3 + 4 + 5 + 6 + 7 + 8

# 3 / Ghostnote-Beats binär - Level I

Ghostnote-Beats geben einem Song diesen filigranen Sound-Teppich. Ein **feines Raster** von 16-teln auf dem die Top Notes des Beats liegen. Sehr elegant und geschmeidig... Die große Herausforderung ist es, möglichst klar zwischen den Ghostnotes und den akzentuierten Noten zu **differenzieren**.

In diesem Kapitel stellen wir euch ein sehr **effizientes Übesystem** vor, mit dem ihr eine Vielzahl von Ghostnote Beats entwickeln könnt.
Das System beinhaltet **36 BDr. / Snare Patterns**, die ihr mit vier verschiedenen Cymbal Figuren kombinieren könnt. Der HH Fuß ist dabei immer auf den „Und" Zählzeiten (der „Swingfaktor").

Das Ziel der Übungen besteht darin, eine umfassende Unabhängigkeit zwischen der **„Handebene"** und der **„Fußebene"** zu entwickeln.
Hier die vier Cymbal Figuren (plus HH auf den +)

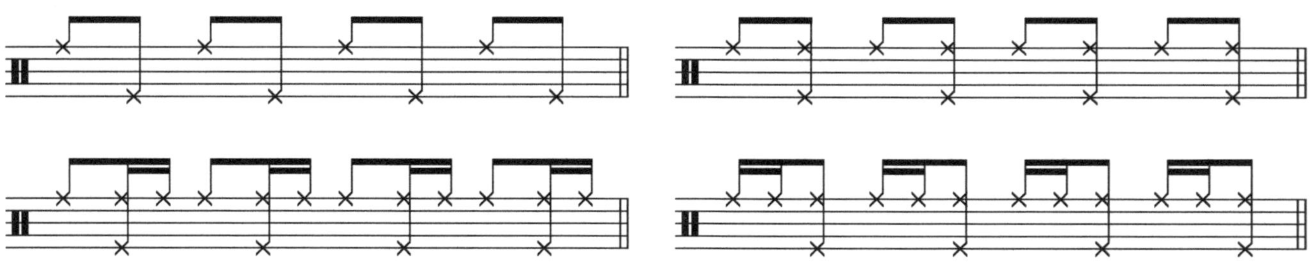

Jetzt folgen die 36 BDr. / Snare Pattern. Entscheidet selbst, mit welchem **Cymbal** Pattern ihr beginnt. Unser Tipp: Vielleicht am einfachsten ist die **8-tel Figur**. Deutlich schwerer als die 4-tel und die 8-tel Figuren sind die beiden 16-tel Figuren.
Solltet ihr Probleme mit der HH Figur haben, dann lasst sie zunächst einfach weg.

**advanced level**

# 4 / Ghostnote-Beats ternär - Level I

Das Übesystem für die 8-tel Triolen Ghostnote-Beats basiert auf dem gleichen Prinzip, wie ihr es bei den binären Ghostnote-Beats kennengelernt habt.

Kombiniert die 36 BDr. / Snare Patterns mit den drei unten notierten Cymbal Patterns.
Der HH Fuß spielt hier immer auf der Zählzeit „2" und „4".
Cymbal & HH Fuß:

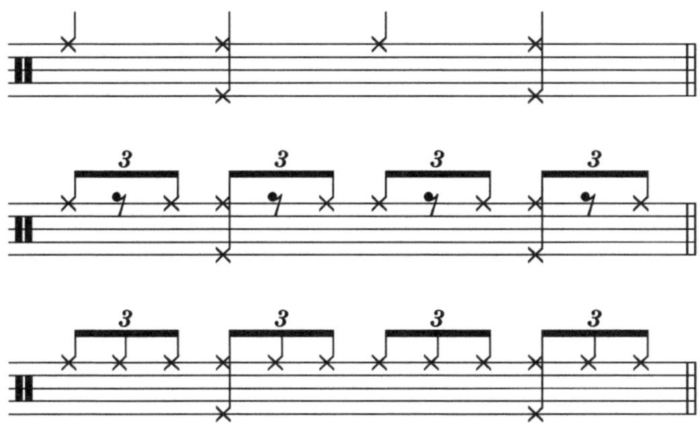


***Die 36 BDr. / Snare Pattern:***

**advanced level**

# ADVANCED WORKOUT 1

## Practice Pad

| | | | |
|---|---|---|---|
| Sg. | 𝄆 R L R L  R L R L 𝄇 | 𝄆 $\overset{>}{R}$ L $\overset{>}{R}$ L  $\overset{>}{R}$ L $\overset{>}{R}$ L 𝄇 | 𝄆 R $\overset{>}{L}$ R $\overset{>}{L}$  R $\overset{>}{L}$ R $\overset{>}{L}$ 𝄇 |
| Db. | 𝄆 R R L L  R R L L 𝄇 | 𝄆 $\overset{>}{R}$ $\overset{>}{R}$ L L  $\overset{>}{R}$ $\overset{>}{R}$ L L 𝄇 | 𝄆 R R $\overset{>}{L}$ $\overset{>}{L}$  R R $\overset{>}{L}$ $\overset{>}{L}$ 𝄇 |
| 1.P. | 𝄆 R L R R  L R L L 𝄇 | 𝄆 $\overset{>}{R}$ L $\overset{>}{R}$ $\overset{>}{R}$  L $\overset{>}{R}$ L L 𝄇 | 𝄆 R $\overset{>}{L}$ R R  $\overset{>}{L}$ R $\overset{>}{L}$ $\overset{>}{L}$ 𝄇 |
| 2.P. | 𝄆 R L L R  L R R L 𝄇 | 𝄆 $\overset{>}{R}$ L L $\overset{>}{R}$  L $\overset{>}{R}$ $\overset{>}{R}$ L 𝄇 | 𝄆 R $\overset{>}{L}$ $\overset{>}{L}$ R  $\overset{>}{L}$ R R $\overset{>}{L}$ 𝄇 |
| 3.P. | 𝄆 R R L R  L L R L 𝄇 | 𝄆 $\overset{>}{R}$ $\overset{>}{R}$ L $\overset{>}{R}$  L L $\overset{>}{R}$ L 𝄇 | 𝄆 R R $\overset{>}{L}$ R  $\overset{>}{L}$ $\overset{>}{L}$ R $\overset{>}{L}$ 𝄇 |
| 4.P. | 𝄆 R L R L  L R L R 𝄇 | 𝄆 $\overset{>}{R}$ L $\overset{>}{R}$ L  L $\overset{>}{R}$ L $\overset{>}{R}$ 𝄇 | 𝄆 R $\overset{>}{L}$ R $\overset{>}{L}$  $\overset{>}{L}$ R $\overset{>}{L}$ R 𝄇 |

1. *Slow* + ***p***
   *Slow* + ***mf***
   *Slow* + ***f***

2. *Medium* + ***p***
   *Medium* + ***mf***
   *Medium* + ***f***

3. *Fast* + ***p***
   *Fast* + ***mf***
   *Fast* + ***f***

# 5 / Lineare 16-tel Beats

Ähnlich wie die Ghostnote-Beats haben lineare Beats einen ganz eigenen Charakter. Der bekannteste „Vertreter" des linearen Drumming ist der US - amerikanische Drummer **David Garibaldi**. Vor allem mit der Funk Band **„Tower of Power"** entwickelte er seine teils sehr komplexen Ideen des linearen Drumming.
Mit den folgenden Übungen wollen wir euch einen sinnvollen Einstieg in dieses Thema geben. Für alle weiteren Schritte empfehlen wir euch das Lehrmaterial von David Garibaldi.
Grundsätzlich gilt beim linear Drumming das Prinzip: **Kein Instrument spielt gleichzeitig**. Wenn ihr also einen „BuffZack" Groove in 16-teln linear spielen wolltet, dann sieht das so aus:

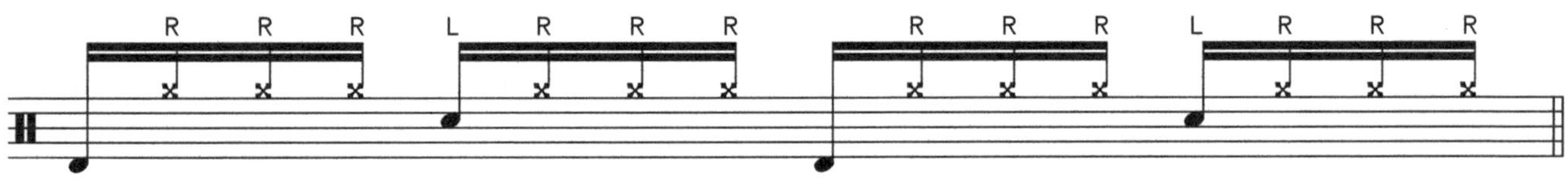


Wir nutzen die **Lü 3+4 als Brücke**, um interessante lineare 16-tel Beats zu entwickeln und interpretieren die Pattern der Lü folgendermaßen:
Die Noten eines Pattern werden mit der BDr. gespielt. Steht aber eine Note auf der Zählzeit „2" und „4", dann wird sie mit der Snare (linke Hand) gespielt. Steht keine Note auf der „2" und „4", dann wird der BackBeat automatisch hinzugefügt. Ein Beispiel:

Jetzt kommt die **rechte Hand** auf der HH ins Spiel. Sie **füllt** den Platz zwischen den einzelnen Noten mit 16-teln auf. Aus dem vorangegangenen Beispiel wird also folgender 16-tel Groove:

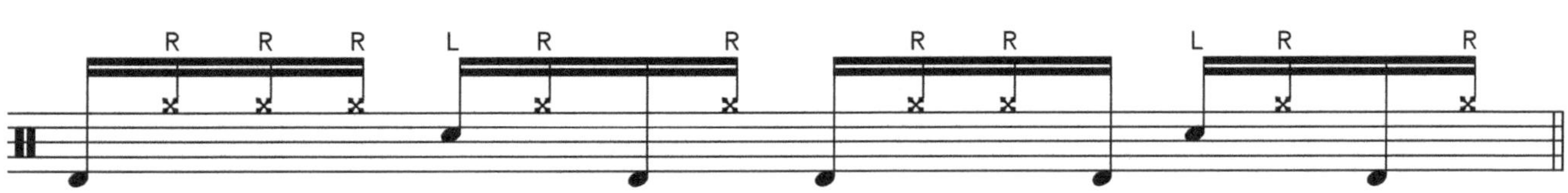

Takt 1+2 der Lü 3 **linear interpretiert**:

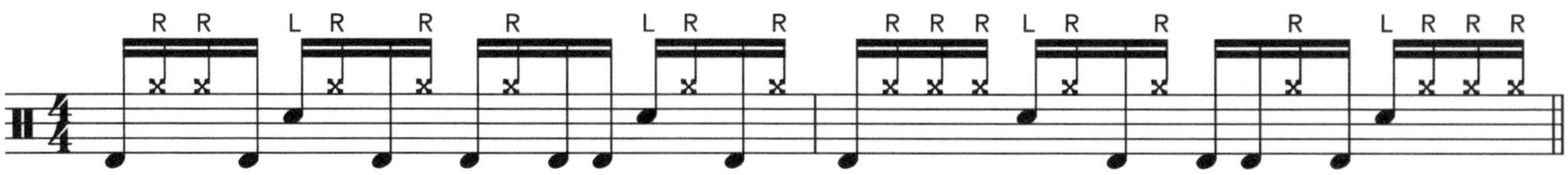


Das sind sehr **komplexe Beats**, die viel Übezeit erfordern. Wie immer gilt bei so anspruchsvollen Systemen, dass ihr eure persönliche Herangehensweise findet, die am schnellsten zum Ziel führt.
Z.B. könnt ihr die Pattern erst mal nur mit BDr. und Snare spielen und lernt so das Pattern (auswendig) kennen. Dann spielt ihr das Pattern mit einer 8-tel HH, später mit einer 16-tel HH. Vielleicht übt ihr auch erst mal halbe Takte. **Seid phantasievoll** und aufmerksam mit den Schritten, die euch den Zugang erleichtern.

Lineare Beats sind darauf angelegt, dass die rechte Hand nicht mehr als **drei Schläge** in Folge spielt. Mit einem vierten Schlag wären wir im Tempo zu limitiert.
In den Lü gibt es aber immer mal eine Stelle, bei der die rechte Hand vier- oder sogar fünf Schläge spielen müsste. Hier ein Pattern für so eine Situation:

Im Notenbeispiel spielt die rechte Hand drei Schläge nach der Zählzeit „4"- und noch einen Schlag auf der Zählzeit „1". Macht zusammen vier Schläge… Zuviel!
Um das zu vermeiden gibt es eine Ausnahmeregelung. Der dritte Schlag der rechten Hand wird als HH-Öffnung gespielt, der vierte Schlag ist das Schließen der HH (hier als Fußimpuls der HH notiert).

Ein noch extremeres Beispiel: Nehmen wir an, die komplette Zählzeit „1" wäre eine Viertelpause und also mit Schlägen der rechten Hand zu besetzen. Dann hätten wir ohne die Ausnahmeregelung sieben HH Schläge hintereinander; mit Anwendung der

Ausnahmeregelung aber nur 2 x drei Schläge. Dazwischen schließt der Fuß die HH (Schlag Nr.4).

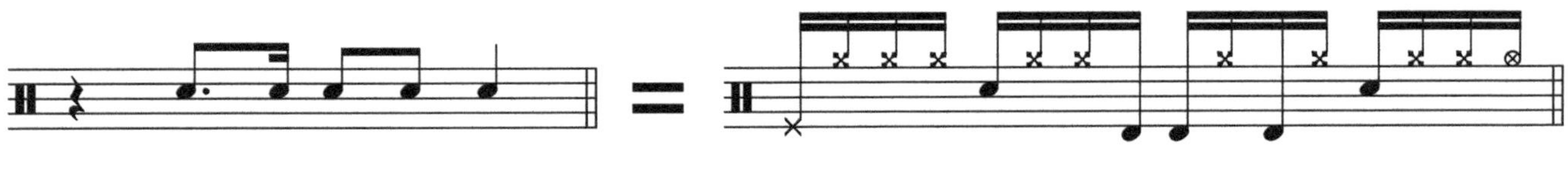

**Lineare Beats komponieren**

Lineare Beats sind eine wahre **Schatztruhe an Möglichkeiten**, um zu orchestrieren. Indem ihr die Schläge der rechten Hand verteilt, könnt ihr das komplette Set mit einbeziehen: Cymbals, Toms, Cowbell, Woodblocks, Sidesnare usw.
Nehmen wir als Beispiel den einfachsten aller linearen 16-tel Beats.

Hier spielt die rechte Hand vier Dreiergruppen auf der HH.
Jetzt legen wir eine Verteilung der Dreiergruppen fest.

1. Gruppe = HH
2. Gruppe = St. Tom
3. Gruppe = Cy. Cup
4. Gruppe = 1. Tom

So sieht das im Notenbild aus:

Wir verfeinern den Groove ein bisschen. Hier das Ausgangspattern:

Die HH (rechte Hand) spielt:
Zweiergruppe, Einzelschlag, Dreiergruppe, Einzelschlag, Dreiergruppe.
Jetzt die Verteilung:

Einzelschläge = St.Tom
Zweiergruppe = 1. Tom
Dreiergruppen = HH

Erst das normale lineare Pattern, dann mit der Verteilung:

Beim **Komponieren** der Grooves könnt ihr **zwei Wege** verfolgen.
1. Ihr legt eine Orchestrierung der Einer-, Zweier- und Dreiergruppen fest und spielt nach und nach verschiedene Patterns..
2. Ihr bleibt bei einem Pattern und ändert die Orchestrierung der Gruppen..

In diesem Bereich könnt ihr eurer **Kreativität** freien Lauf lassen und euch sehr persönlich „austoben", vor allem wenn ihr noch ein paar **Extrasounds** an euer Drumset schraubt und diese mit in eure linearen Grooves einbezieht.
Wir wünschen euch viel Spaß dabei!!!

# 6 / 16tel HH Beats (Hand to Hand) mit Single- und Doppelakzenten

Video 13

Hier kommen zwei Ebenen zusammen: HH-Akzente und BDr.-Pattern.
Diese **Polyphonie** ist nicht nur koordinativ eine Herausforderungen, auch unsere Hörgewohnheiten müssen sich darauf einlassen.

Bei diesen Beat Übungen wimmelt es nur so vor Synkopen und das macht die Sache natürlich **sehr funkig und soulig**.
Dabei sind die ostinaten Akzente auf der HH das Salz in der Suppe.

Jede Vierergruppe der „Hand to Hand" 16-tel hat vier Positionen:

Den Beat: 1, 2, 3, 4

dann die 1e, 2e, 3e, 4e

Die „Unds": 1+, 2+, 3+, 4+

Die 4. Position: 1a, 2a, 3a, 4a.

Zusammen mit dem BackBeat auf „2" und „4" sieht das so aus:

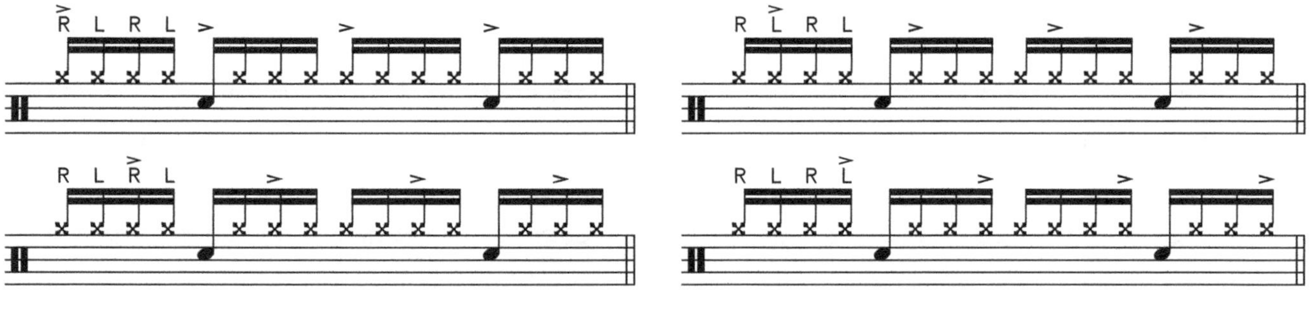

Mit der ersten Position, also den Akzenten auf der 1, 2, 3, 4, müssen wir uns nicht beschäftigen. Interessant wird es ab der **2. Position**.
Ziel ist eine Unabhängigkeit der BDr. zu dem HH Pattern mit den Akzenten auf dem jeweils zweiten Schlag, also der 1e, 2e, 3e, 4e.
Hier die ersten beiden Takte der Lü 3.

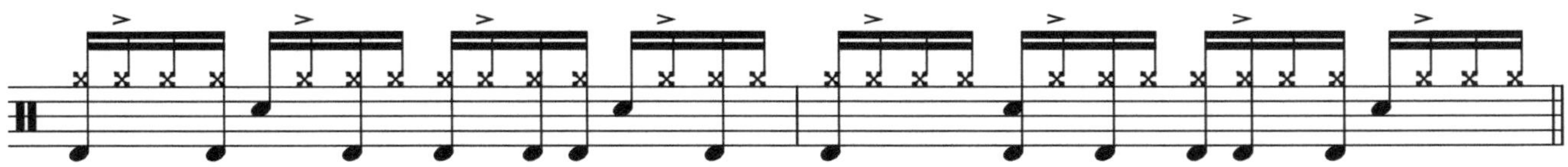

**Position 3** und die ersten beiden Takte der Lü.

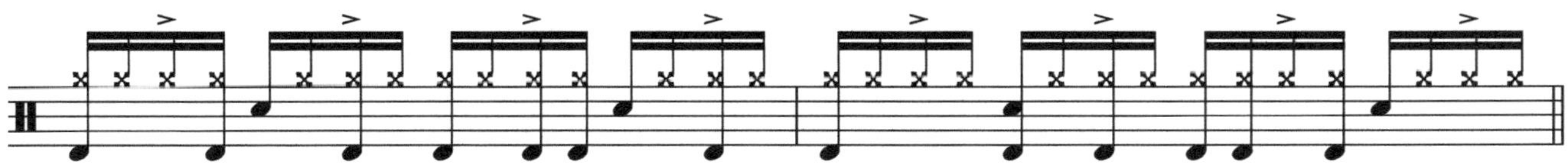

**Position 4** und die ersten beiden Takte der Lü.

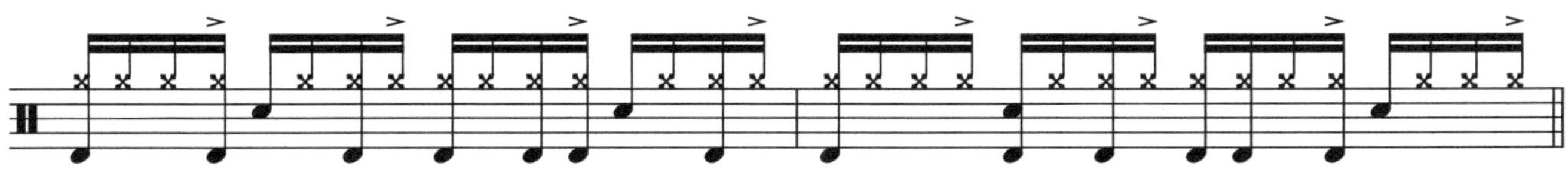

Arbeitet in Ruhe mit den weiteren Pattern der Lü 3+4. Es dauert eine Weile, dann seid ihr unabhängig und könnt **mit der BDr improvisieren**, ohne die HH Akzente zu verlieren.

**Jetzt die Doppelakzente**

**Die vier Positionen:**
**1. + 2. Schlag der Vierergruppe / 2. + 3. / 3. + 4. / 1. + 4.**

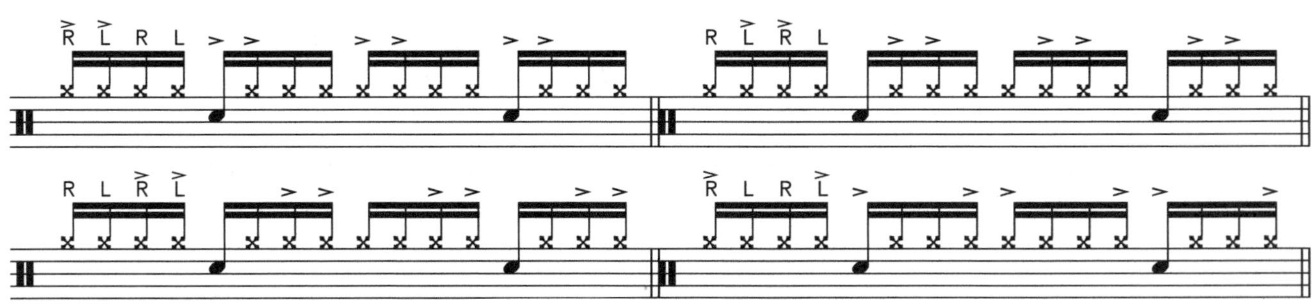

**Jetzt die Beat Übungen**

**Position 1** und die ersten beiden Takte der Lü:

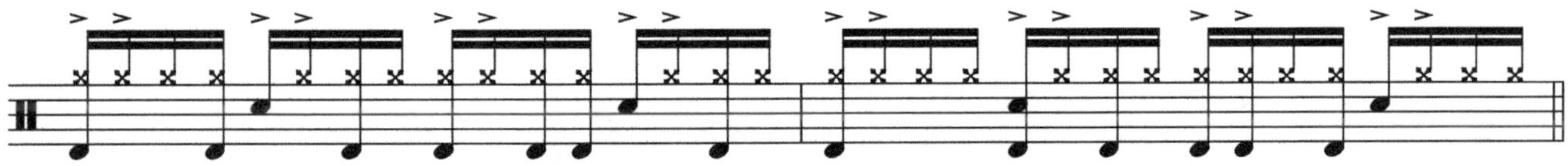

**Position 2** und die ersten beiden Takte der Lü:

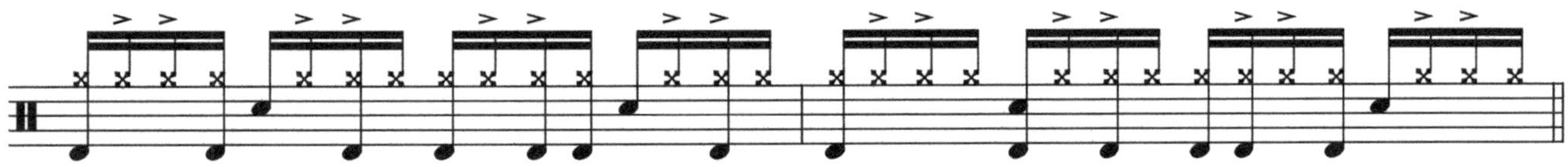

**Position 3** und die ersten beiden Takte der Lü:

**Position 4** und die ersten beiden Takte der Lü:

# ADVANCED WORKOUT 2

## Practice Pad

### Paradiddles & Single Accents

**1**

a) **R** L R R **L** R L L
b) R **L** R R L **R** L L
c) **R** **L** R R **L** **R** L L
d) **R** L R R L **R** L L
e) R **L** R R **L** R L L

**2**

a) **R** L L R **L** R R L
b) R L L **R** L R R **L**
c) **R** L L **R** **L** R R **L**
d) **R** L L **R** L R R L
e) R L L R **L** R R **L**

**3**

a) R R **L** R L L **R** L
b) R R L **R** L L R **L**
c) R R **L** **R** L L **R** **L**
d) R R L **R** L L **R** L
e) R R **L** R L L R **L**

**4**

a) R **L** R L L **R** L R
b) R L **R** L L R **L** R
c) R **L** **R** L L **R** **L** R
d) R **L** R L L R **L** R
e) R L **R** L L **R** L R

# 7 / Shuffle & Ghostnotes - Halftime & Fulltime - Level I

Video 14

Für viele Drummer ist der Halftime Shuffle von **Bernard „Pretty" Purdie** und der „Rosanna Shuffle" von **Jeff Porcaro** der Olymp aller Beats.
Das Wechselspiel von Ghostnotes und Akzenten, das filigrane Feel und natürlich die technische Herausforderung gewinnen den meisten Drummer(innen) großen Respekt ab.
Wir wollen in diesem Kapitel auf das Konzept hinter diesen **Ghostnote Shuffles** schauen und euch eine fundierte Herangehensweise vermitteln.

In den kommenden Übungen bilden die Hände das ostinate Fundament. Unser Ziel ist es, mit der BDr. zu diesem sehr filigranen Fundament unabhängig zu werden.

Wie immer spielen die Lü (in diesem Fall Blatt 5+6) eine große Rolle.
Der „Rosanna" Groove ist definitiv der Hammer, aber es gibt noch viele andere BDr. / Snare Figuren, die ihr spielen könnt, und dafür brauchen wir die Lü 5+6.
Denn mit jeder neuen BDr. Figur aus den Lü entsteht ein neuer-, ein eigener Groove.

Wir unterscheiden grundsätzlich zwischen dem **Fulltime Feel** (BackBeat auf der „2" und „4") und dem **Halftime Feel** (BackBeat auf der Zählzeit „3").

**Fulltime**
Zuerst platzieren wir die Ghostnotes. Dabei gibt es zwei Versionen.
Nr. 1 ohne Ghostnote hinter dem BackBeat:

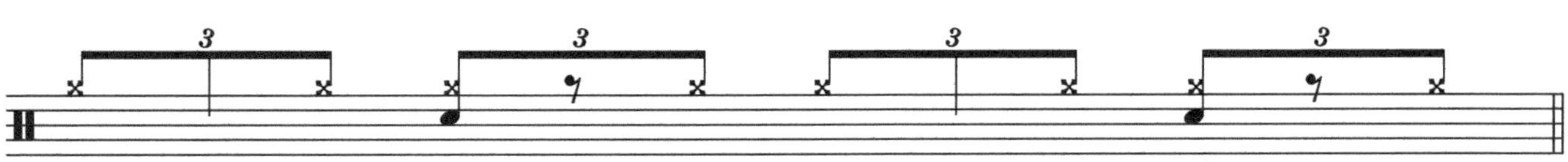


Nr. 2 mit Ghostnote hinter dem BackBeat:

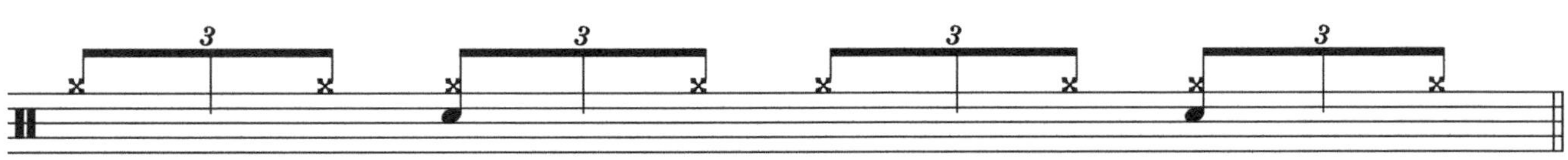

Letzteres ist sicher ein bisschen schwerer zu trommeln. Eine Ghostnote gleichmäßig direkt im Anschluß an einen Akzent zu spielen ist nicht einfach.
Wenn man es kann, dann klingt es toll.
Entscheidet euch für eine der beiden Versionen und schnappt euch die Lü 5+6.
Achtet auf eine **gute Differenzierung** und startet mit den ersten Pattern.

Version Nr. 1 mit Takt 1+2 der Lü 5:

Version Nr. 2

Weiter geht es mit der **Halftime** Variante.
Version Nr. 1

Version Nr. 2

Version Nr. 1 mit Takt 1+2 der Lü 5:

Version Nr.2

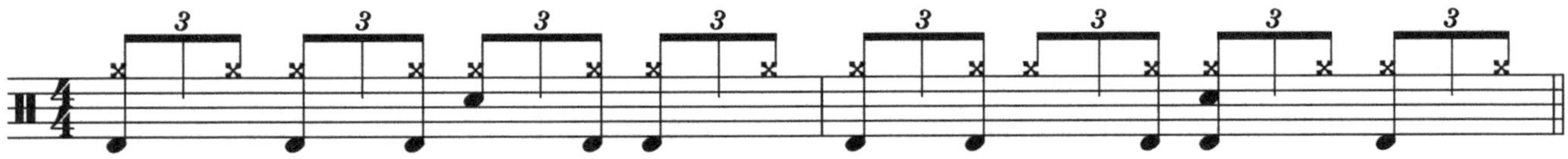

Bei der Arbeit mit den Lü müssen wir immer wieder entscheiden, wie weit gehen wir?

Üben wir ein paar Takte, ein paar Zeilen oder die ganze Seite?

Entscheidet selbst, wie wichtig euch das Thema ist und wie tief ihr in die Materie einsteigen möchtet.

# 8 / Rudiments als Beats

Die kommenden Interpretationen für Beats basieren auf den Stickings sechs verschiedener Rudiments und deren Umkehrungen.
Die Rudiments dürften euch bekannt sein: **Singlestroke**, **Doublestroke** und die vier **Paradiddles**. Dazu die jeweiligen Umkehrungen, macht also insgesamt zwölf verschiedene Stickings.

**1) RLRL RLRL RLRL RLRL**

**2) LRLR LRLR LRLR LRLR**

**3) RRLL RRLL RRLL RRLL**

**4) LLRR LLRR LLRR LLRR**

**5) RLRR LRLL RLRR LRLL**

**6) LRLL RLRR LRLL RLRR**

**7) RLLR LRRL RLLR LRRL**

**8) LRRL RLLR LRRL RLLR**

**9) RRLR LLRL RRLR LLRL**

**10) LLRL RRLR LLRL RRLR**

**11) RLRL LRLR RLRL LRLR**

**12) LRLR RLRL LRLR RLRL**

Ziel der folgenden Übungen ist es, die allgemeine Koordination für Beats zu entwickeln und die **Unabhängigkeit zwischen Händen und Füßen** auszubauen.
Mit den Umkehrungen der Rudiments (2, 4, 6, 8, 10, 12) werdet ihr zu Beginn sicher am meisten Schwierigkeiten haben. Sie beginnen alle mit Links und stellen die „normalen" Stickings auf den Kopf. Die ganze **Balance** ist erst mal hinüber und **Mikrotime** und **Dynamik** müssen jetzt Schritt für Schritt wieder hergestellt werden.

Wir finden die Arbeit mit den Umkehrungen so interessant, weil die **linke Hand** plötzlich (ganz ungewohnt) einmal die **Führhand** ist und somit stärker entwickelt werden kann. Außerdem kommen bei diesen Stickings phantasievolle und **ungewöhnliche Beats** heraus.
Und jetzt konkret zur ersten Übung - verteilt die Hände wie folgt:

8/1

## R = Ride Cymbal (rechte Hand) / L = Snare (linke Hand)

Die Schläge auf der Zählzeit „2" und „4" (BackBeat) werden betont.

Je nach Sticking liegt der BackBeat mal auf **L** (z.B. bei Nr. 2 oder Nr. 5), mal liegt er auch auf **R** (z.B. bei Nr. 1 oder Nr. 3).

Wenn also der BackBeat auf **R** liegt, dann müsst ihr für diesen Moment das Ride Cymbal verlassen und den BackBeat mit der rechten Hand auf der Snare spielen.

So sieht die Verteilung der zwölf Stickings im Notenbild aus:

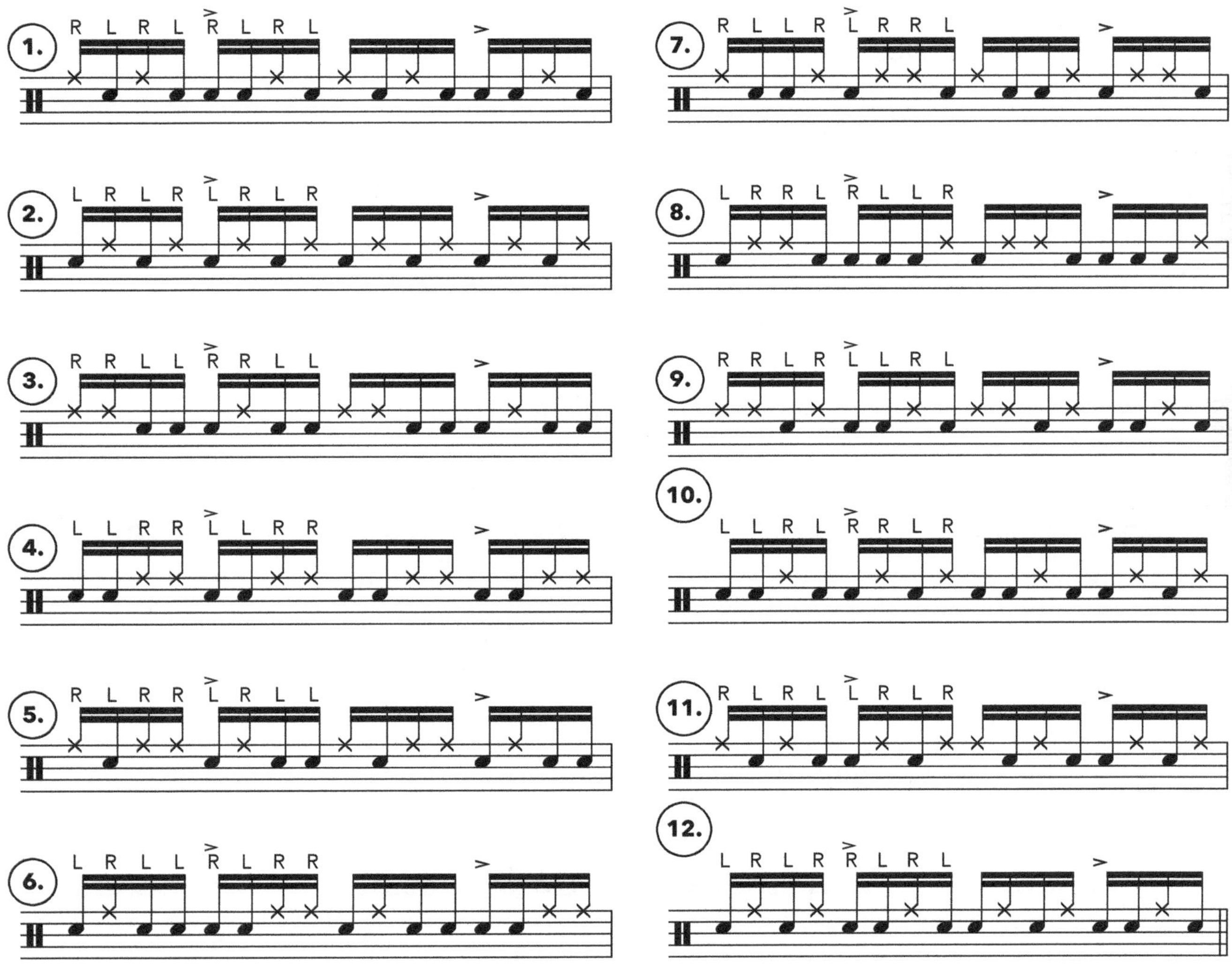


Um einen kompletten Groove zu bilden, braucht ihr jetzt noch eine BDr.- und eine HH-Figur. Hier sind **drei Basis-Pattern** für die Füße. Eine 4-tel-, eine 8-tel-, und eine 16-tel Figur.

4tel-Pattern

8tel-Pattern

16tel-Pattern

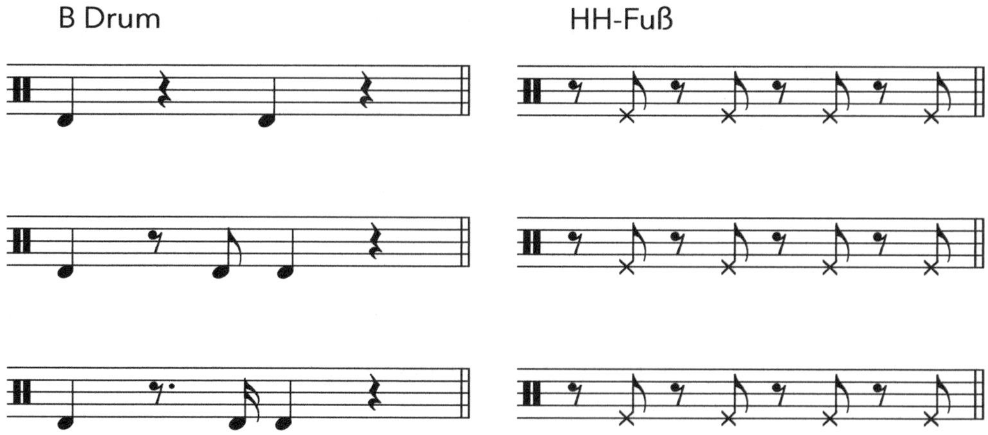


Jetzt könnt ihr endlich **loslegen!**

Spielt die zwölf Stickings nacheinander mit der ersten BDr. / HH Figur. Wenn das gut klappt, dann knöpft ihr euch die beiden anderen BDr. / HH Figuren vor.

Natürlich muss man nicht alle zwölf Stickings spielen. Gerade der dritte- und der vierte Paradiddle sind, vor allem umgekehrt gespielt, außerordentlich kniffelig.

So sieht das Rudiment Nr. 1) mit der BDr. / HH Figur a) aus:

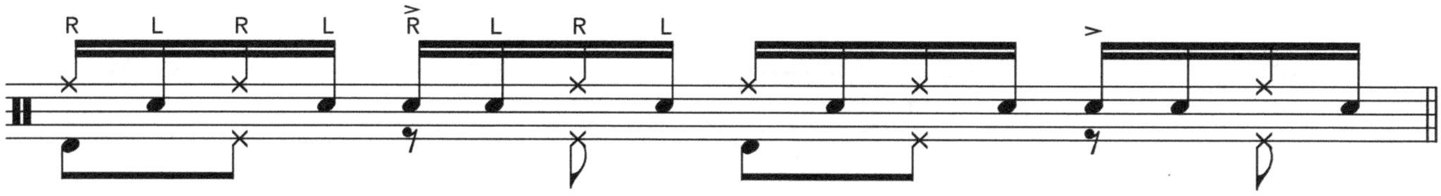


Ein anderes Beispiel. Rudiment 6) mit der Figur b):

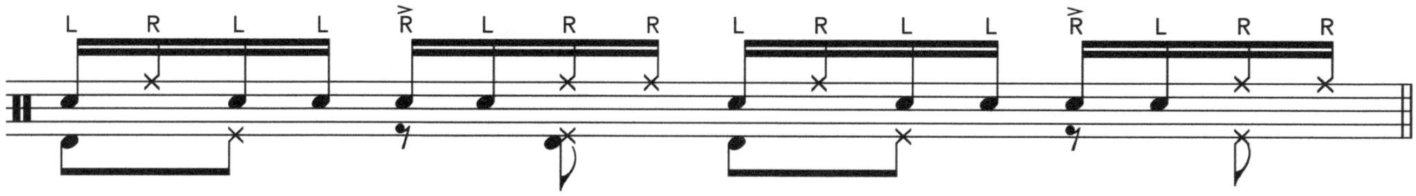

**Zur Dynamik** der Beats… Alle nicht akzentuierten Snare Schläge sollten das Niveau von Ghostnotes haben. Die Beats klingen am besten, wenn ihr den dynamischen Unterschied zwischen Snare Akzent und Snare Ghostnote besonders deutlich macht.

***8/2***

### Halftime Feeling

Ihr könnt die komplette Übung auch im Halftime Feel spielen. Dann verlagert sich der **BackBeat** von der „2" und „4" auf die **Zählzeit „3"**. Spielt die Halftime Patterns mit einer BDr. auf der Zählzeit 1. Dazu die HH Figur auf den Und-Zeiten.

Rudiment Nr. 1

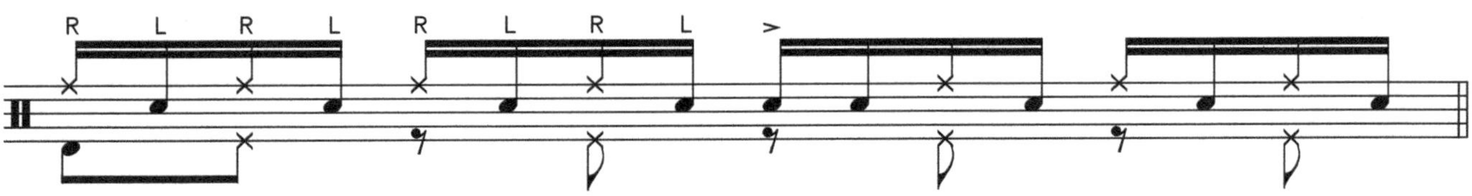


Rudiment Nr. 3

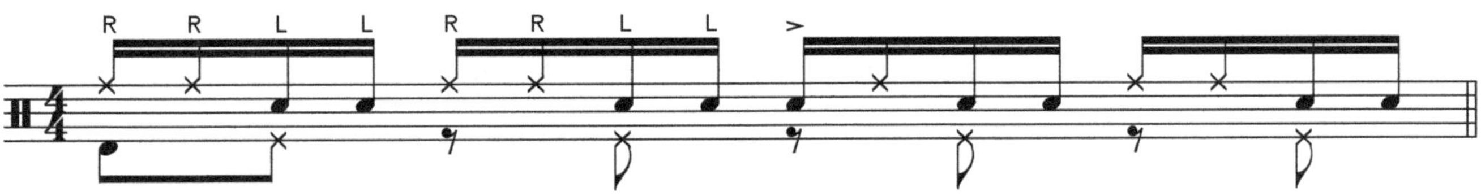

# 9 / Rudiments am Set in drei Perspektiven

Video 16

Abgesehen von ostinaten Figuren (z.B. Begleitpatterns auf dem Cymbal) nutzen wir zu **99% Schlagkombinationen**, die nicht mehr als 2 Schläge auf der rechten- oder der linken Seite haben.

Ein Sticking wie z.B. RLRL RRRL ist spielbar, klar, aber die Limitierung im Tempo macht das Sticking unbrauchbar.

Also versuchen wir aus den Schlagkombinationen (Stickings), die uns zur Verfügung stehen, möglichst **viel Kapital** zu „schlagen". Wir interpretieren die Stickings, wir orchestrieren sie, wir kombinieren sie, wir verzieren sie (Flams), wir nutzen sie als Cross Rhythmen und wir wenden sie in verschiedenen Metren an. Mit all diesen Variationen fällt letztlich nicht so sehr auf, dass wir eigentlich recht wenig praktikable Handsätze zur Verfügung haben.

Um diese Variationen sinnvoll und **musikalisch anzuwenden**, braucht es eine sehr gute Koordination.

In diesem Kapitel bearbeiten wir 10 Handsätze (Stickings...Rudiments...) in drei verschiedenen **Perspektiven am Drumset**.
Das sind **„livetime exercises"**, die wir seit 30 Jahren und länger spielen und mit denen man sich immer wieder beschäftigen muss, um Präzision, Ausdauer und Tempo auf einem guten Level zu halten.

**Hier die 10 Stickings:**

| | |
|---|---|
| **Singlestroke** | **RLRL RLRL RLRL RLRL** |
| **Doublestroke** | **RRLL RRLL RRLL RRLL** |
| **Inverted Db.stroke** | **RLLR RLLR RLLR RLLR** |
| **1. Paradiddle** | **RLRR LRLL RLRR LRLL** |
| **2. Paradiddle** | **RLLR LRRL RLLR LRRL** |
| **3. Paradiddle** | **RRLR LLRL RRLR LLRL** |
| **4. Paradiddle** | **RLRL LRLR RLRL LRLR** |
| **3er Verschiebung** (right hand lead) | **ṘLLṘ LLṘL LṘLL ṘLLṘ** |
| **5er Verschiebung** (right hand lead) | **ṘLṘL LṘLṘ LLṘL ṘLLṘ** |
| **7er Verschiebung** (right hand lead) | **ṘLṘL ṘLLṘ LṘLṘ LLṘL** |

Jede der kommenden **drei Perspektiven** repräsentiert eine bestimmte Spielsituation am Set, einen bestimmten Sound, einen bestimmten Typ Orchestrierung. Die Arbeit mit den verschiedenen Stickings führt euch zu einem **breiten Repertoire** an Variationsmöglichkeiten. Letztlich ist es sehr simpel:
Je mehr Stickings und Perspektiven ihr bearbeitet, desto größer wird euer **Ausdruck** am Schlagzeug.

**9/1**

1. Perspektive am Set: **Right hand lead**

## R = rechte Hand Cymbal + BDr. / L = linke Hand Snare

Es gibt drei HH-Fuß Figuren, die zu der Übung Sinn machen. HH auf allen Vierteln, HH auf den „Und" Zeiten, HH auf „2" und „4". Entscheidet selbst, welches Pattern für euch am besten funktioniert.

Single

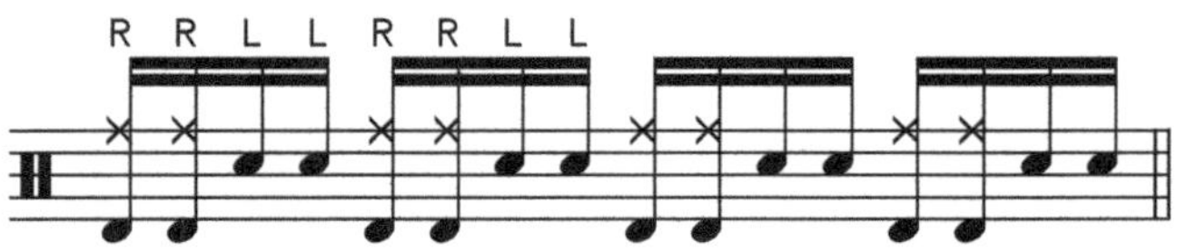

Double

Db. inverted

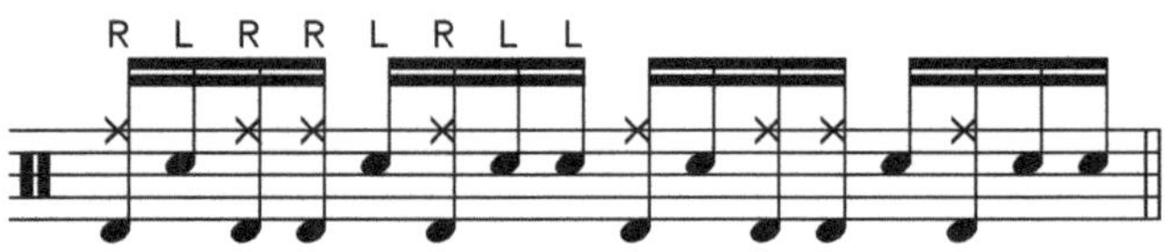

1. Parad.

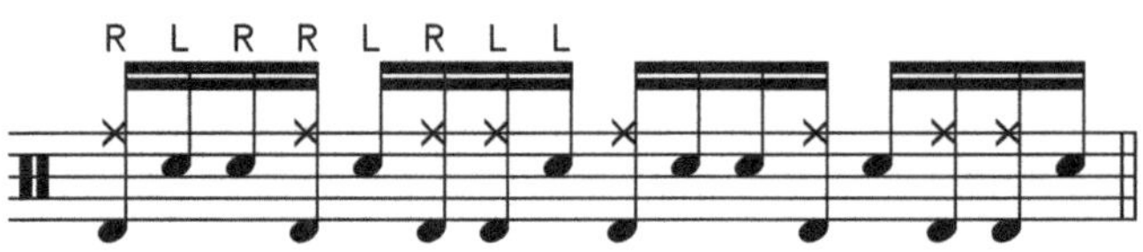

2. Parad.

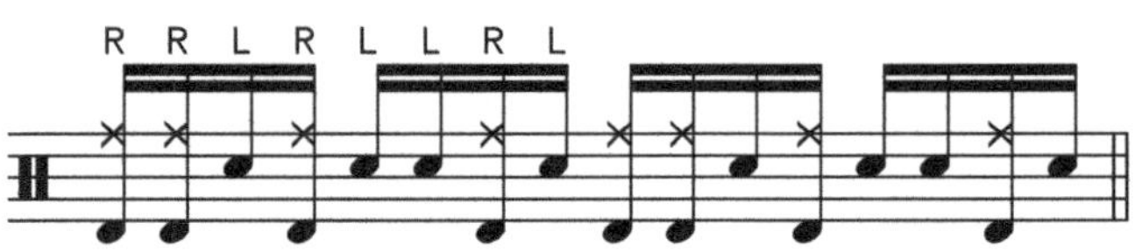

3. Parad.

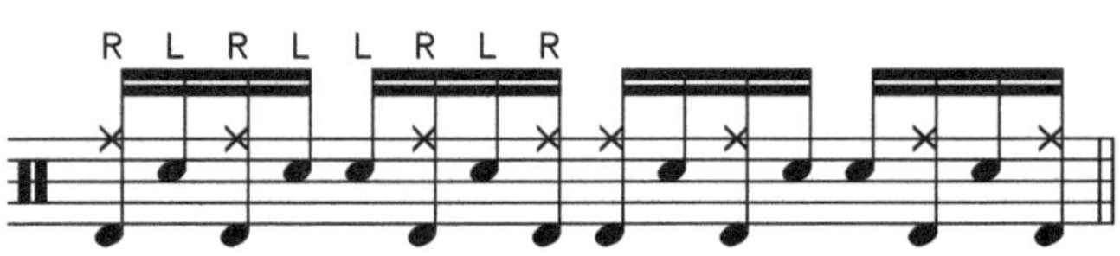

4. Parad.

3er Verschiebung

5er Verschiebung

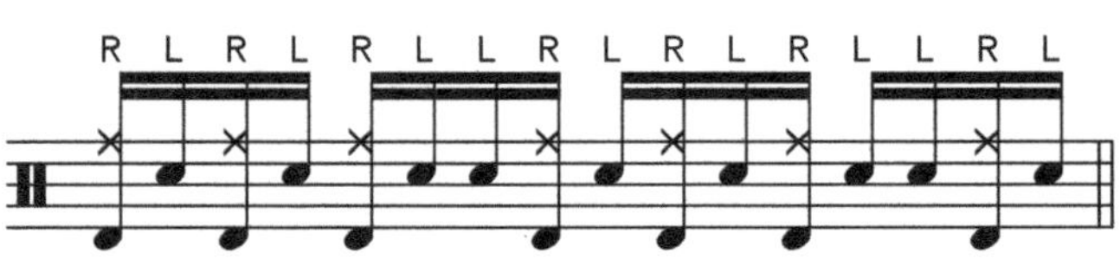

7er Verschiebung

**Orchestrierung**
Natürlich könnt ihr jederzeit die Handsätze anders orchestrieren. Da kann man ganz schön wilde Sachen anstellen. Nehmt euch ein Sticking und lasst z.B. mal die linke Hand über die Toms „wandern". Da werdet ihr eine Menge toller Fillins entdecken.

**9/2**

2. Perspektive am Set: **Hände gegen BDr.**

**R** = rechte Hand (Cymbal) + linke Hand (Snare) gleichzeitig / **L** = BDr.

**Orchestrierung**
Je nach Platzierung der Hände klingen diese Patterns eher leicht oder auch sehr rockig. Tauscht mal das Ride (rechte Hand) gegen ein Crash. Damit verändert sich der Sound um 180 Grad…

Single

Double

Db. inverted

1. Parad.

2. Parad.

3. Parad.

4. Parad.

3er Verschiebung

5er Verschiebung

7er Verschiebung

**9/3**

3. Perspektive am Set: **Cymbal Ostinat + BDr. gegen linke Hand**

R = BDr. / L = linke Hand Snare - dazu Cymbal Ostinat

Es macht Sinn, diese Übung zunächst mit einem 8-tel Cymbal Ostinat zu spielen. Das können natürlich später auch komplexere Cymbal Figuren sein...
Es ist wichtig, dass ihr die Übungen immer auch im 16-tel Shuffle Feel spielt.
Je öfter ihr das macht, desto einfacher fällt es euch, zwischen binären- und ternären 16-teln hin- und her zu wechseln.

Single

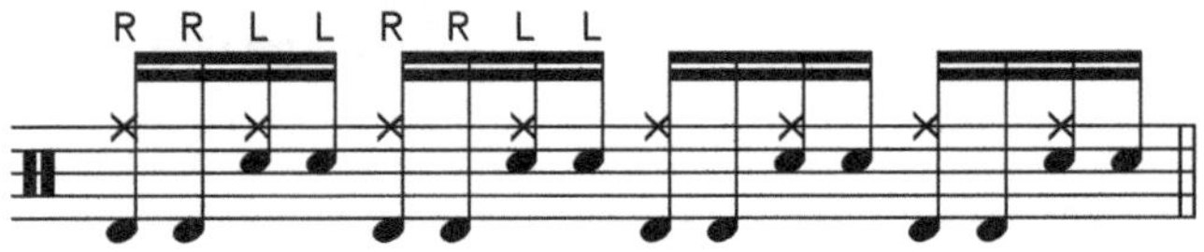


Double

Db. inverted

1. Parad.

2. Parad.

3. Parad.

4. Parad.

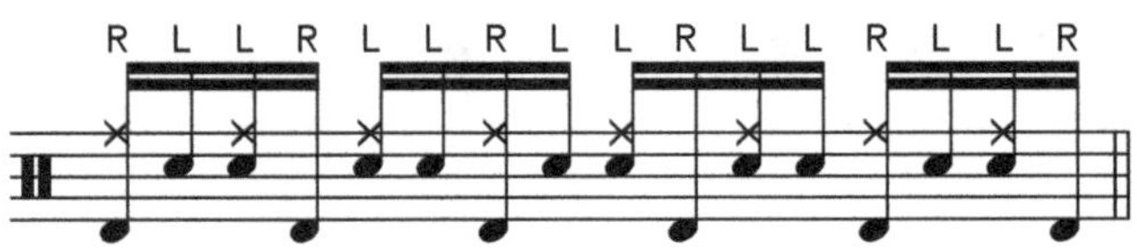


3er Verschiebung

5er Verschiebung

7er Verschiebung

# 10 / Balance: 3-Way Coordination - Level II

Im Vergleich zu den 3-Way Coordination Übungen aus dem basic Level sind die kommenden Übungen vor allem rhythmisch komplexer. Grundlage ist die polyrhythmische Figur „2 gegen 3" und später „3 gehen 4" (und jeweils umgekehrt).

## 10/1

### „2 gegen 3"

Wir bewegen uns auf der Basis eines 4/4 Takts. Darum könnte man die Übung auch 4 gegen 6 nennen.
Drei Gliedmaßen spielen gleichzeitig 4-tel. Ein Gliedmaß spielt 4-tel Triolen.
Erst spielt das Cymbal die 4-tel Triolen, dann die BDr, dann die Snare und zuletzt der HH Fuß.
Lasst euch am Anfang Zeit mit den Wechseln. Erst wenn ihr ein sicheres Gefühl habt, dann könnt ihr regelmäßig alle vier Takte-, alle zwei Takte oder sogar nach jedem Takt wechseln.

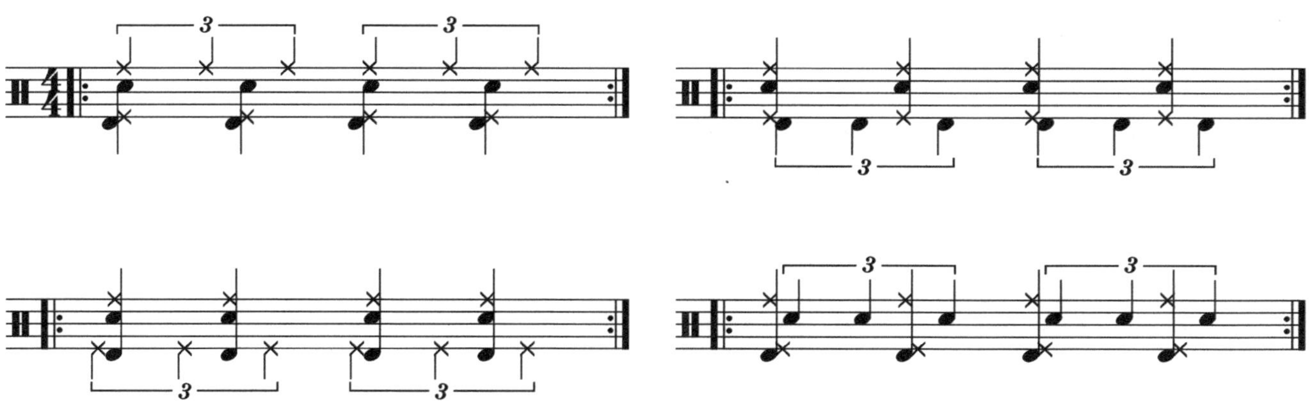

**10/2**

**„3 gegen 2"**

Jetzt umgekehrt. Drei Gliedmaßen spielen gleichzeitig 4-tel im 3/4-tel Takt. Ein Gliedmaß spielt punktierte Viertel.

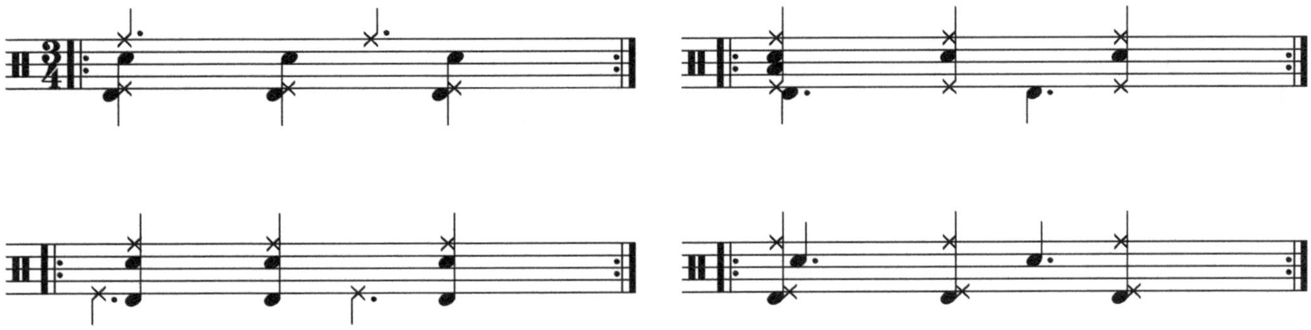

**10/3**

**„4 gegen 3"**

Auch hier spielen drei Gliedmaßen gleichzeitig 4-tel, während ein Gliedmaß halbe Triolen spielt. Erst das Cymbal, dann die BDr., dann die Snare und zuletzt der HH Fuß.

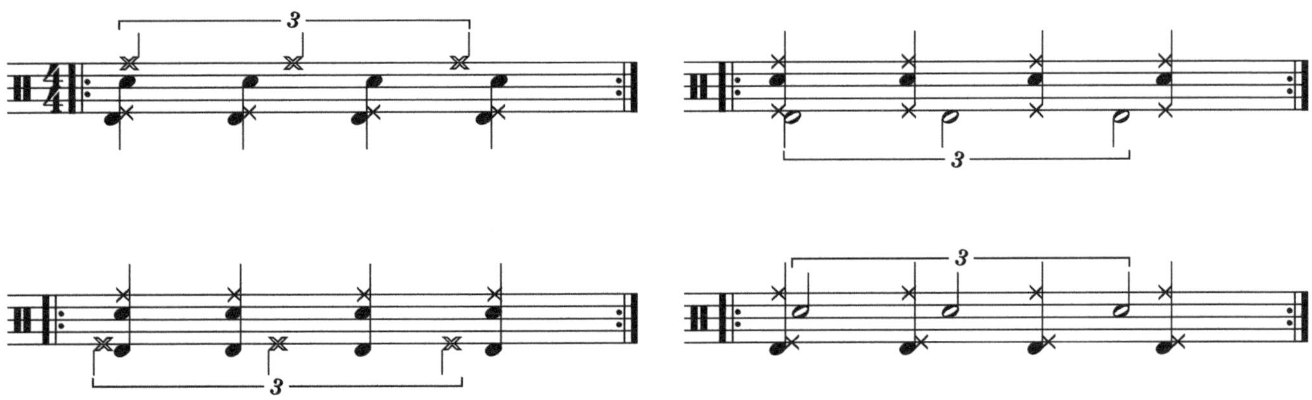

**10/4**

**„3 gegen 4"**

Jetzt umgekehrt. Drei Gliedmaßen spielen gleichzeitig 4-tel im 3/4-tel Takt. Ein Gliedmaß spielt punktierte Achtel.

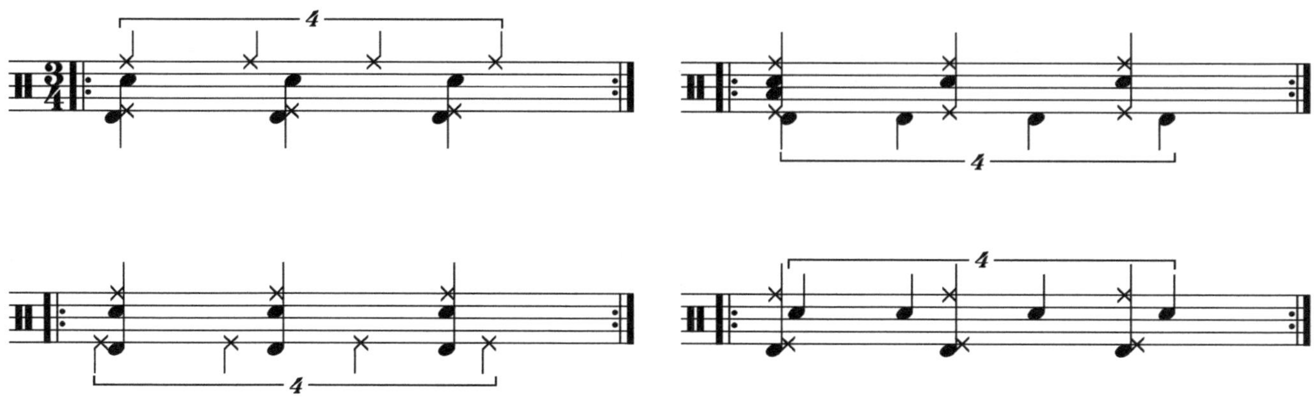

# 11/ Advanced 16-tel Fillins mit den Lü 3+4

Der Charakter der beiden kommenden Fillinkonzepte ist sehr unterschiedlich. Flams sind ein sehr spezielles Gewürz in der Gestaltung von Fillins. Eine Art Verzierung innerhalb eines Patterns.
Die Verdopplungen führen uns (ab einem bestimmten Tempo) in den Bereich Wirbel + Akzente. Ihr habt beide Konzepte sicher schon oft bei Marchingbands gehört. Und natürlich ist dieses Material essenziell in unserem Spiel.

## 11/1
## 16-tel „Hand to Hand" und Flams

Bevor ihr mit der Interpretation der Leseübungen beginnt, solltet ihr die **Einzel-** und **Doppelpositionen** der Flamakzente in den 4-er Gruppen üben. Macht euch mit den Positionen vertraut, die jetzt noch regelmäßig gespielt werden. In den Lü sind sie dann unregelmäßig verteilt. Das ist deutlich schwerer zu spielen.

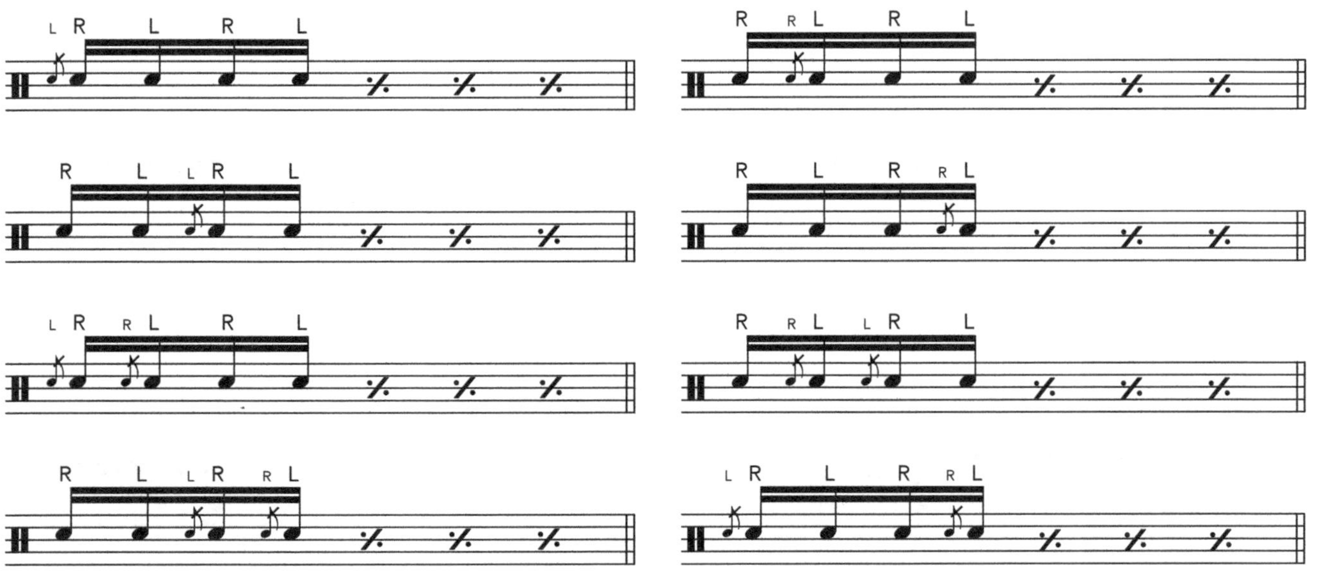

Ein Flam besteht aus einem Vor- und einem Hauptschlag. Verteilt jetzt die Hauptschläge auf die Toms (r.H. = St.Tom / l.H. = HT). Die Vorschläge und alle nicht akzentuierten Schläge bleiben auf der Snare.

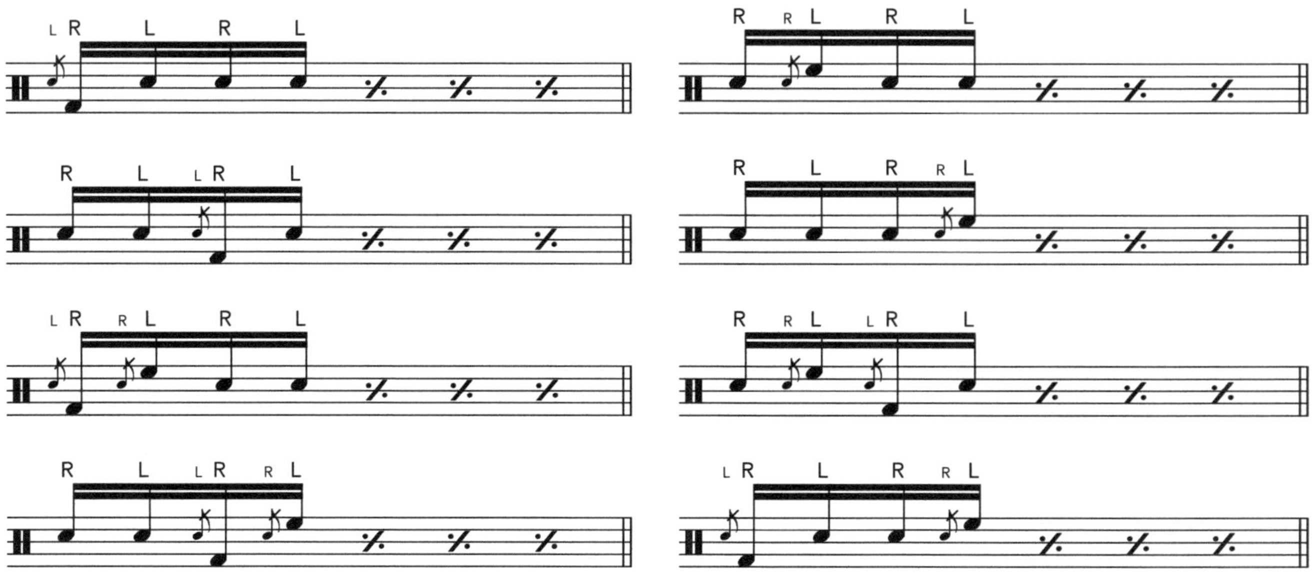

Jetzt zu den Lü 3+4. Die Pattern der Lü werden zu Flamakzenten. Hier Takt 3+4 der Lü Blatt 3 auf der Snare:

Auf die Toms verteilt:

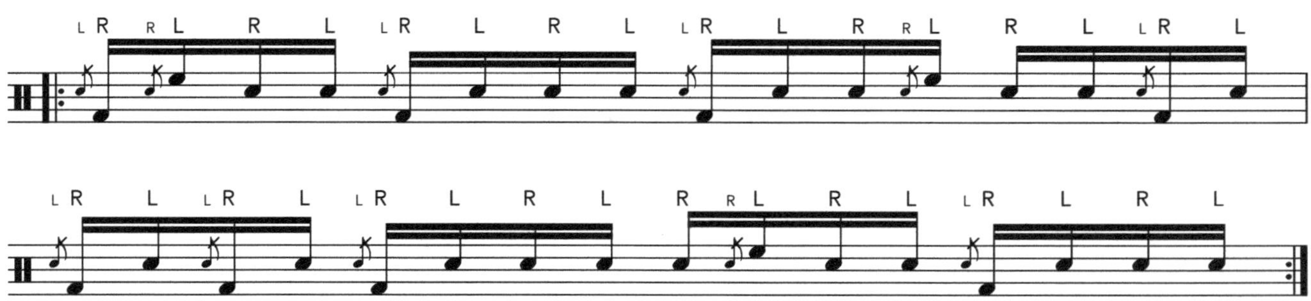

**11/2**

## 16-tel „Hand to Hand“ und Verdopplungen

Die Pattern der Lü werden zu Akzenten. Alle nicht akzentuierten Schläge werden verdoppelt. Aber bevor wir mit den Lü arbeiten, beginnen wir auch hier mit den regelmäßigen Positionen in den 4er Gruppen.

Die **Einzelakzente** und die **Doppelakzente**:

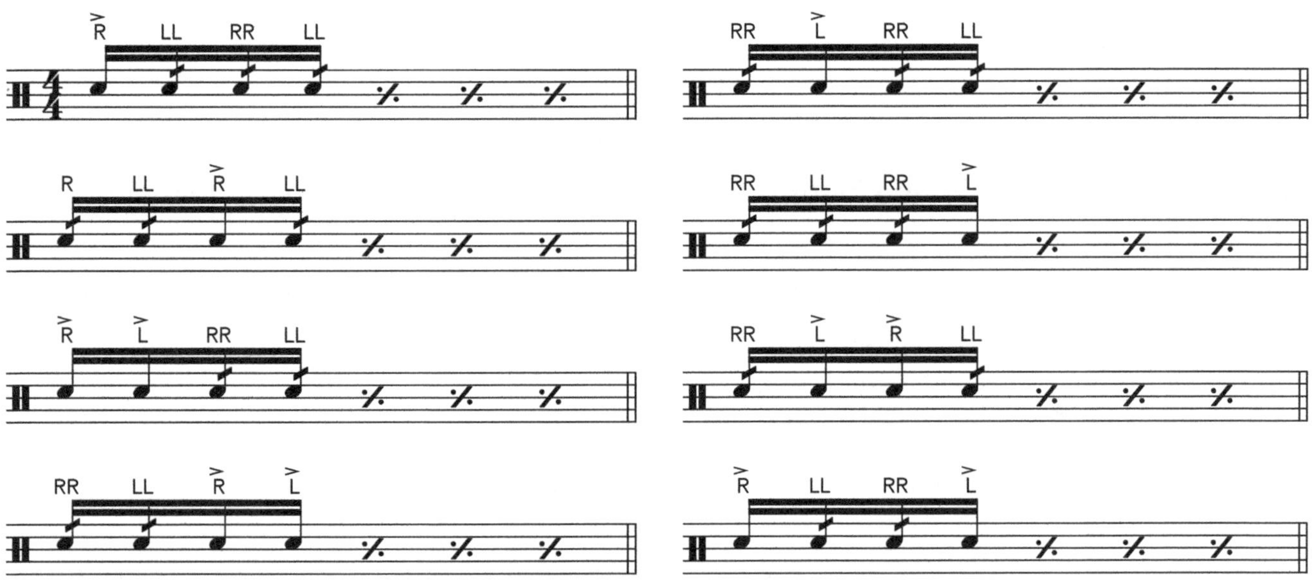


Mit diesen Fillins kann man ganz schön **„Alarm machen“**.
Verteilt die Akzente auch auf die Toms und auf Cymbals (plus BDr).
Mit dem höheren Tempo kommt auch eine **stärkere Bindung** zwischen Akzent und Doppelschlägen. Auch wenn es technisch sehr anspruchsvoll ist, letztlich ist es das Ziel, dass diese Fillins wie ein geschlossener Roll plus Akzente klingen.
Jetzt kommt **der Schritt zu den Lü 3+4**. Hier Takt 3+4.
Spielt erst mal einzelne Takte. Später könnt ihr die „Strecken“ verlängern…

**Akzente auf die Toms:**

**Akzente auf die Crashes (Vollalarm):**

***11/3***

**16-tel Comping**

Der Begriff Comping ist eher aus dem Jazzbereich bekannt. Er bezeichnet die **Aufteilung von rhythmischen Pattern** zwischen Snare und BDr, während die rechte Hand das Swing Pattern spielt.
Auch beim 16-tel Comping geht es um die Aufteilung zwischen Snare und BDr, dabei spielen die Hände (hand to hand) einen 16-tel Teppich.
Ein bisschen hat es etwas vom New Orleans Stil.
Mit dem Comping setzen wir **Impulse**, wir unterstützen, wir kontern oder doppeln… wir sorgen für **Beweglichkeit**. Es brodelt und brutzelt.

Schaut euch das Videobeispiel zu diesem Thema an. Ihr findet es als dritten Teil des Videobsp. 18.

Da die Koordination beim 16-tel Comping sehr anspruchsvoll ist, nähern wir uns dem Ziel in kleinen Schritten.
Spielt zunächst die Takte (Lü 3+4), abwechselnd als Snare Akzente und als BDr.
Als Beispiel immer Takt 1+2

Dann halbiert ihr die Aufteilung. Erste Hälfte = Snare / zweite Hälfte = BDr

Jetzt wechselt ihr pro 4-tel.

Und zuletzt spielt ihr konsequent die Noten der Lü abwechselnd. Wenn also ein Pattern der Lü eine ungerade Anzahl Noten hat und ihr wiederholt das Pattern, dann beginnt mal die Snare und mal die BDr.
Her seht ihr die ersten zwei Takte der Lü 3 in diesem Modus notiert.

Zuletzt noch eine Variante, bei der BDr und Snare die Pattern gleichzeitig spielen.
Auch ein cooler Sound.

# ADVANCED WORKOUT 3

## Practice Pad

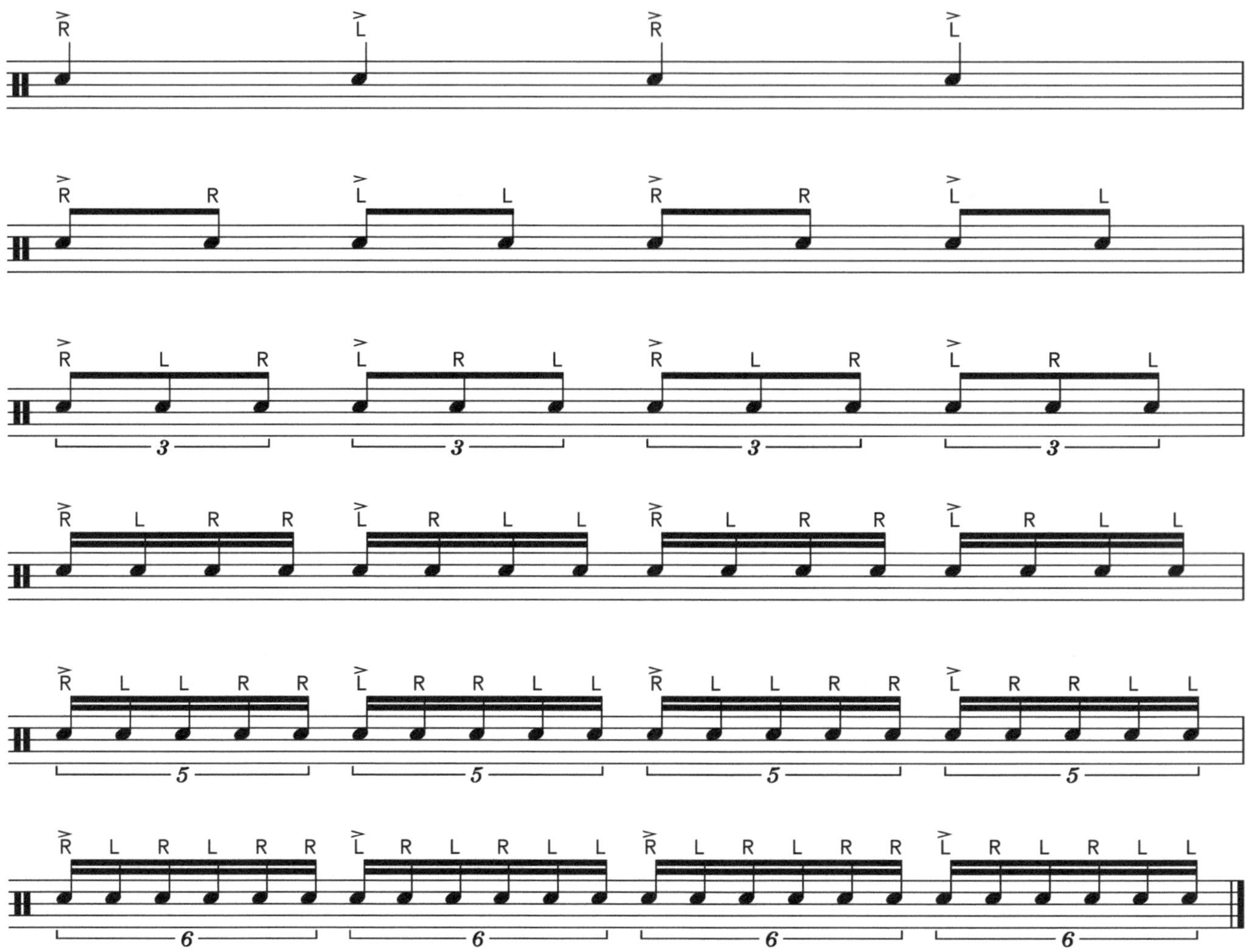


Spiele in Tempo **q**= 90 die Pyramide hin und zurück.

Spiele ganztaktig in unregelmäßiger Reihenfolge (z.B. 2-5-1-4-6-3…)

Spiele und wiederhole halbtaktig z.B. 1-3-6-5 oder 2-6-4-3-1 oder 1-5-6-4

Spiele und wiederhole in Vierteln z.B. 1-2-3-4-5-6 oder 1-4-3-3-5-6 usw.

# 12 / Advanced 8-tel Triolen Fillins mit Lü 5+6

Die beiden kommenden Fillin-Konzepte sind wichtiges Material für **Shuffle-Beats** im **Halftime-** oder **Fulltime-Feel**. Sie sind das Pendant zu den binären Fillins aus dem vorherigen Kapitel.

## 12/1
## 8tel Triolen „Hand to Hand" und Flams

Bevor wir in die Lü einsteigen setzen wir die Flams zunächst regelmäßig auf den Puls und die Und-Zählzeiten.

**Die Flam Akzente auf die Toms:**

Jetzt zu den Lü 5+6. Die Pattern der Lü werden zu Flam Akzenten. Hier die ersten zwei Takte der Lü Blatt 5 auf der Snare:

**Akzente Toms:**

## 12/2
## 8tel Triolen „Hand to Hand" und Verdopplungen

Die Pattern der Lü werden zu Akzenten. Alle nicht akzentuierten Schläge werden verdoppelt.

Versucht mit dem höheren Tempo die Akzente und die Doppelschläge zu einem geschlossenen Roll zu binden. Eine gute Übung für die Bindung zwischen Akzent und Doppelschlägen sind **5-stroke Rolls** in zwei Variationen. Zunächst mit dem Akzent auf dem Puls, dann mit dem Akzent in der Synkope.

Takt 1+2 der Lü Blatt 5 - Akzente auf die **Toms**.

Takt 1+2 der Lü Blatt 5 - Akzente auf die **Crashes**.

# 13 / Fillinkonzept „RLLR“

Ausgangspunkt dieses Konzepts ist der **„Inverted Doublestroke"**.
Macht euch in Ruhe mit dem Sticking vertraut und phrasiert es mit einem leichten Akzent auf dem Puls. Das erleichtert die rhythmische Orientierung.
In einem höheren Tempo besteht die Gefahr, dass man in den „normalen" Doublestroke (RRLL) gerät. Hier ist also eine **klare Differenzierung wichtig**.
Die Fillins, die ihr mit diesem Konzept generiert, sind zunächst sehr Puls orientiert und haben einen angenehmen Spielfluss. Wer technisch schon sehr versiert ist, kann diese Fillins später auch als 32-tel einsetzen.
Wir gehen bei diesem System durch die **drei Parameter**, mit denen man ein Ausgangspattern modifizieren kann:
**Orchestrieren, Substituieren und Rhythmisieren**.
**Gospel Chops** sind aus dem Drum Vokabular nicht mehr wegzudenken. Man kann die kommenden Fillins am ehesten diesem Genre zuordnen.

**„Orchestrieren"**
Verteilt das Sticking jetzt über Snare und Toms (vielleicht erst mal die rechte Hand) und erarbeitet euch eine gute Beweglichkeit. Bezieht euch dabei auf einen Viertelpuls der BDr.
Hier zwei weitere Orchestrierungen (Module) im **„Right Hand Lead"** Stil, die das Ride Cymbal- und die Crashes mit einbeziehen. Achtung! Bei der Version mit den Crashes doppelt die BDr nur das Crash auf dem Puls.

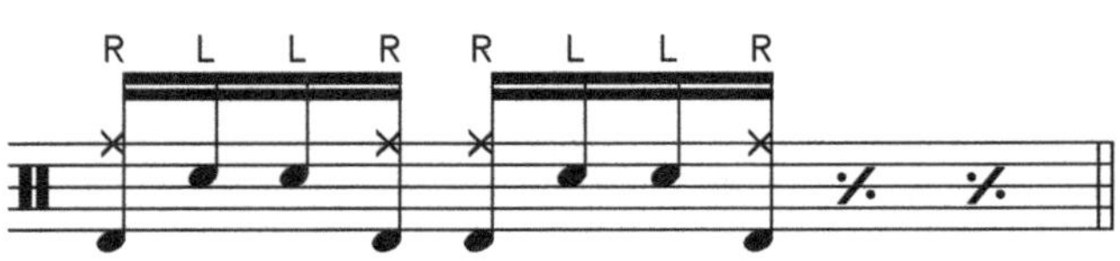

Übt die **drei Module** taktweise hintereinander und versucht dann in kürzeren Abständen zu kombinieren. Theoretisch könnt ihr mit jedem neuen Viertel das Modul wechseln.

**„Substituieren"**

Um die BDr in ein Pattern zu integrieren, müssen wir einen Schlag des Stickings ersetzen. Das tun wir in diesem Fall mit dem vierten Schlag. Dieses Pattern braucht einen deutlichen Akzent auf der „1" und eine **gute Differenzierung**, sonst klingt es schnell nach „Krautrock".

BDr Substitution

HH Fuß Substitution

Dies sind **weitere Module**, die ihr jederzeit mit den vorangegangenen Modulen kombinieren könnt.

**„Rhythmisieren"**

Wie eingangs erwähnt, ist dieses Fillin System zunächst sehr Puls-orientiert. Das ist völlig ok, aber nach einer Weile vielleicht ein bisschen langweilig. Darum erweitern wir das Pattern um zwei Schläge auf eine **6er Gruppe**.

die Snare Version

mit BD

mit HH

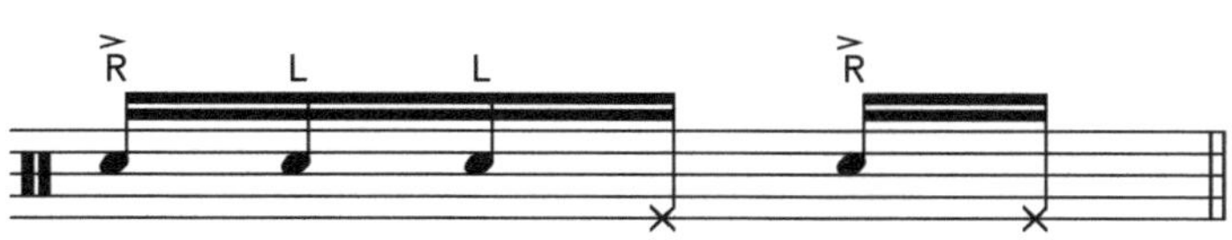

Eine 6er Gruppe in 16teln erzeugt einen **Cross Rhythmus**. In einen Takt passen zwei 6er Gruppen und eine 4er Gruppe. Innerhalb eines Taktes könnt ihr spielen:

6 - 6 - 4 oder 6 - 4 - 6 oder 4 - 6 - 6, wie im folgenden Beispiel:

die Snare Version

mit BD

mit HH

Mit den 6er Gruppen verschwindet das Pulslastige. Und wenn ihr die 6er Gruppe über zwei Takte verteilt, dann könnt ihr 5 x 6 + 2 spielen.

die Snare Version

mit BD

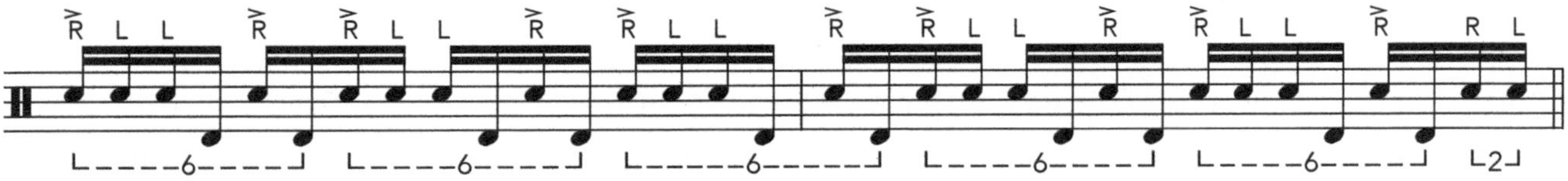

Über zwei Takte sind viele interessante Kombinationen von 4er- und 6er Gruppen möglich:

**6 + 4 + 6 + 4 + 6 + 4 + 2**

**6 + 6 + 4 + 4 + 6 + 4 + 2**

**6 + 4 + 4 + 4 + 6 + 6 + 2**

**4 + 6 + 4 + 4 + 4 + 6 + 4 usw.**

Wir erweitern die Module jetzt noch um **8er Gruppen**.

Jetzt die Version, bei der ihr mit der **BDr (oder der HH) substituiert**. Ihr seht zwei verschiedene Stickings. Beide funktionieren gut, haben aber durch den kleinen Unterschied im zweiten Teil einen unterschiedlichen Sound. Entscheidet selbst, welche Version euch besser gefällt.

Version a.)

Version b.)

mit BDr

Natürlich muss man die Module einzeln üben, bevor man sie miteinander kombiniert. Das Ziel ist, dass ihr die verschiedenen **Module frei kombinieren** könnt und mit ihnen

**improvisiert**. Bis ihr dort hin kommt, vergehen wahrscheinlich ein paar Wochen. Vermutlich habt ihr dann auch entdeckt, dass diese Fillins auch ganz gut in 32-teln funktionieren.

**Hier nochmal eine Übersicht aller Module in der 4er - 6er - 8er Version:**

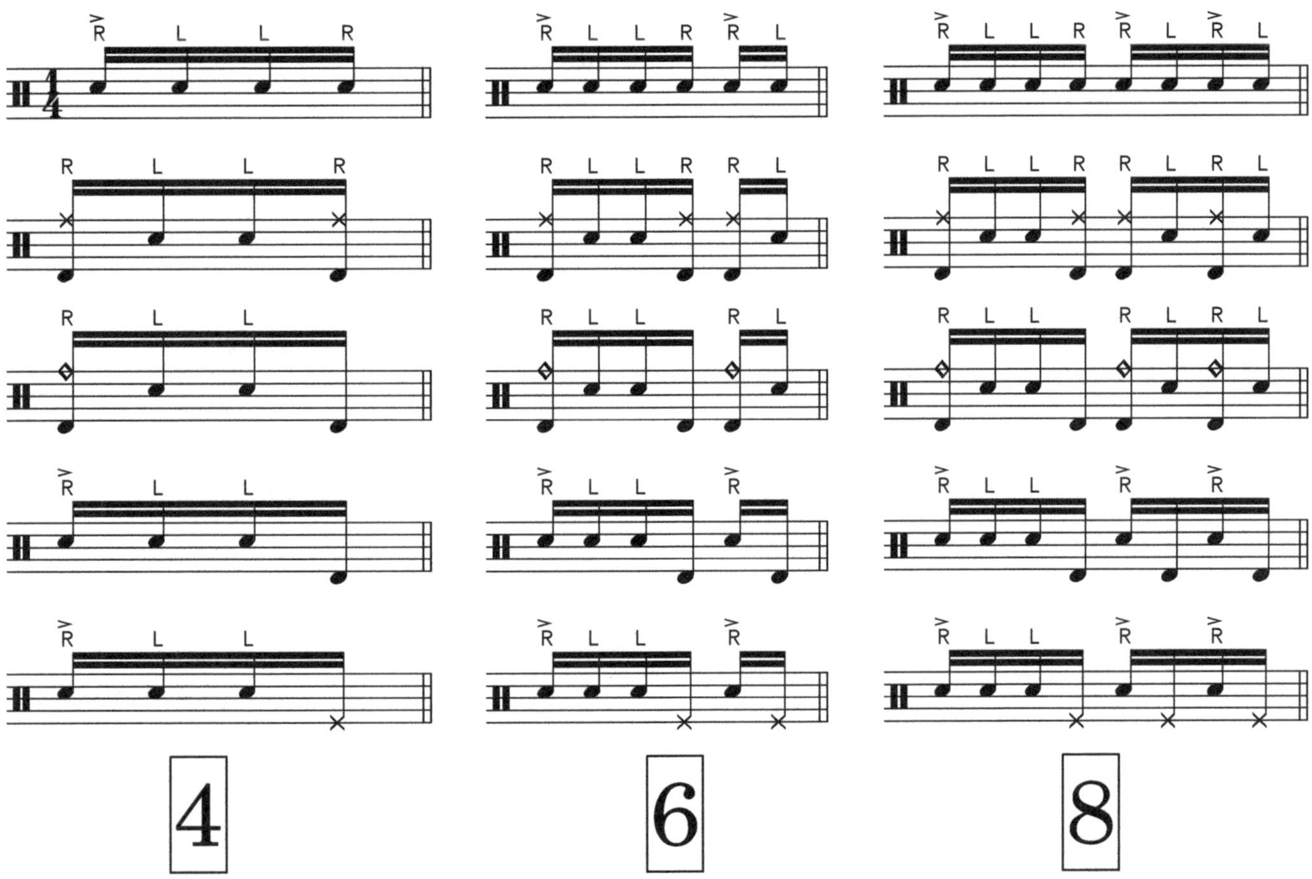


Zum Abschluss ein Beispiel für einen 16-tel Halftime Beat mit einem mächtigen **32-tel RLLR Fillin**, der verschiedene Module mit einbezieht:

# 14 / Fillinkonzept „Di-ge-da-da“

Video 21

Man kann Drumbeats und Drumfills durchaus so „singen", dass unser Gegenüber weiß, was gemeint ist. „Di-ge-da-da" steht für die einzelnen Schläge, die wir im folgenden Konzept nutzen. Zwei schnelle Schläge (Di-ge) und zwei Schläge, die halb so schnell sind. Wir können entscheiden, ob wir den Fillin auf der Basis von 8-tel- und 16-tel Triolen spielen oder als 16-tel und 32-tel.

Wir beginnen mit der **triolischen Variante**, die rhythmisch einfacher ist:

Hier verteilen sich die 4 Schläge auf ein Viertel und man kann sie recht einfach im Paket am Drumset orchestrieren.

**Spannender** wird es, wenn wir einzelne **Schläge** des Patterns **akzentuieren** und diese auf den Toms oder Cymbals verteilen. Dafür müssen wir lernen, die Einzel- und Doppelpositionen zu akzentuieren.

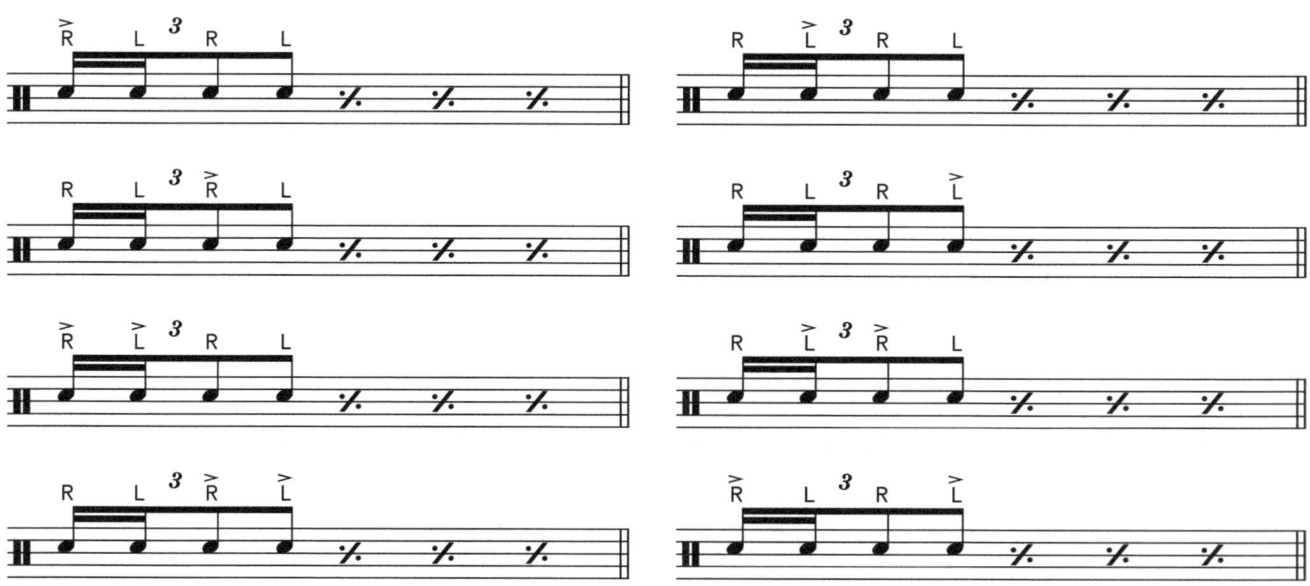

Wenn ihr die Akzente auf die Cymbals verteilt, dann heißt das automatisch: Cymbal plus BDr. Ohne klingt nicht. Und natürlich sind die Positionen der rechten Hand deutlich einfacher zu spielen als die der linken Hand. Hier ein paar Beispiele:

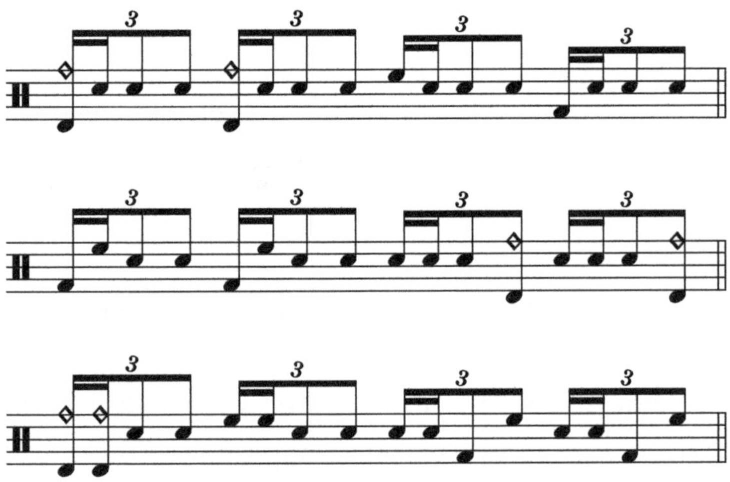

Auch in diesem Fillsystem können wir **substituieren**, also einen Schlag der Hände durch die BDr oder den HH-Fuß ersetzen. Das ist sehr anspruchsvoll und klingt toll. Hier die vier Möglichkeiten:

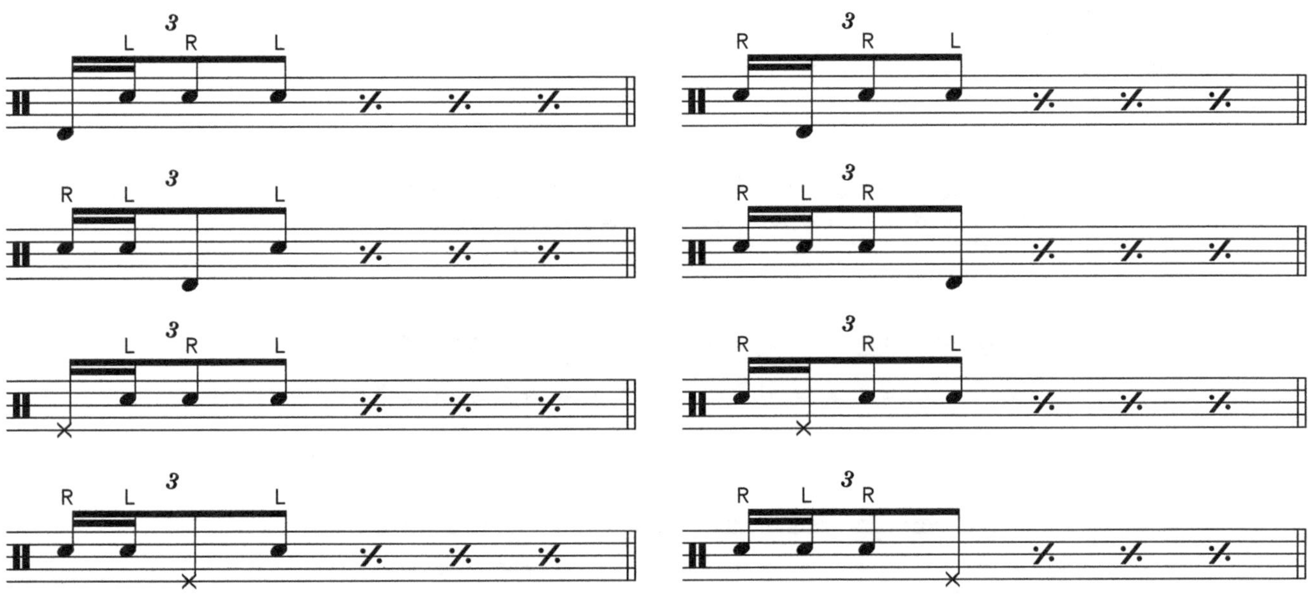

Jetzt ersetzen wir mit Doppelschlägen. Das funktioniert nur mit der BDr.

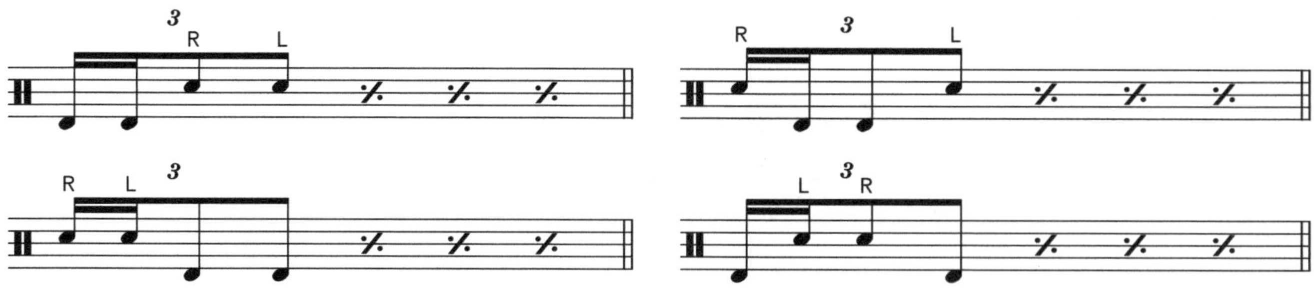


Wenn wir dieses Konzept im **16tel** Kontext anwenden, dann kommt es zu einer **rhythmischen Verschiebung**. Warum?
Die vier Schläge von „Diggedada" haben eine Länge von drei 16teln (zwei 32-tel und zwei 16-tel). Diese passen fünf mal in einen Takt, plus ein 16tel:

**5 x 3 + 1 = 16**

Wir **verteilen** die vier Positionen auf Toms

Wir **ersetzen** die vier Positionen durch die BDr.

...und **orchestrieren** die drei übrigen Schläge auf den Toms:

Das sind **wuchtige Fillins** mit einem starken rhythmischen Charakter.
Die vorangegangenen Beispiele sind sicher gute Impulse für eure eigenen Ideen. Denn mit diesem Lick ist noch einiges mehr möglich.

# ADVANCED WORKOUT 4

I

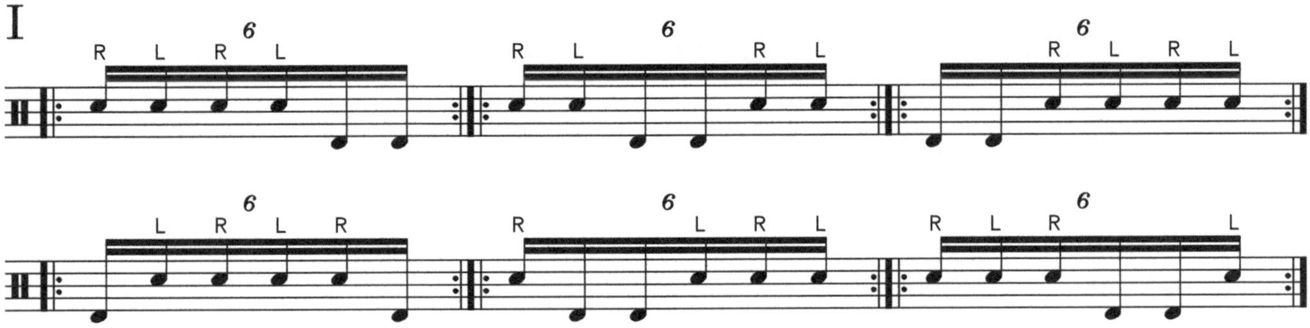


II

III

# 15 / Fillinkonzept „6-Stroke Rolls“

Die 6-Stroke Stickings, bestehend aus zwei Single- (R L) und zwei Doppelschlägen (R R L L) bieten einen wahren **Kosmos an Fillin Möglichkeiten**.
Auf den kommenden Seiten werdet ihr erfahren, was man mit diesem speziellen Rudiment alles anstellen kann. Auch hier geben wir uns nicht mit ein paar besonders spektakulären 6-Stroke Fillins zufrieden. Wir wollen **das System und die Optionen** verständlich machen, die sich hinter diesem Typ Fillin verbergen.

**Rhythmik - Dynamik - Sticking + Substitution** sind die Hebel, die wir nutzen werden, um in diesen Kosmos einzutauchen. Das ist natürlich mit einiger Arbeit verbunden, aber ihr werdet sehen...Es lohnt sich!

**Rhythmik**
Da der Roll aus sechs Schlägen besteht, liegt es nahe, die Fillins als 8-tel Triolen- oder als 16-tel Triolen zu spielen.
Später werden wir einige Beispiele zeigen, wie man den 6-Stroke Roll auch als Cross Rhythmus in 8-teln oder 16-teln spielen kann.

**Dynamik**
In den folgenden Fillin Systemen werden wir die beiden Einzelschläge im 6-Stroke Sticking akzentuieren. Diese beiden Akzente geben dem Fillin ein „Gesicht“ und erleichtern die Orientierung und die Verteilung am Set.

**Sticking**
Es gibt insgesamt zwölf Stickings, mit denen ihr einen 6-Stroke Roll spielen könnt. Sechs davon beginnen mit rechts, sechs beginnen mit links. Theoretisch könntet ihr also die kommenden Übungen mit allen zwölf Stickings spielen. Es ist sicher gut, einmal alle zwölf Stickings zu spielen und kennenzulernen. Aber in der Praxis werden sich zwei oder drei Stickings herausstellen, mit denen ihr besonders gut klar kommt. Da ist es sinnvoller, ihr spielt die Übungen mit diesen Stickings wirklich intensiv, bevor ihr wegen der Menge an Stickings die Übungen genervt zur Seite legt.

**15/1**

Hier die zwölf 6-Stroke Stickings in der 8-tel Triolen Version.

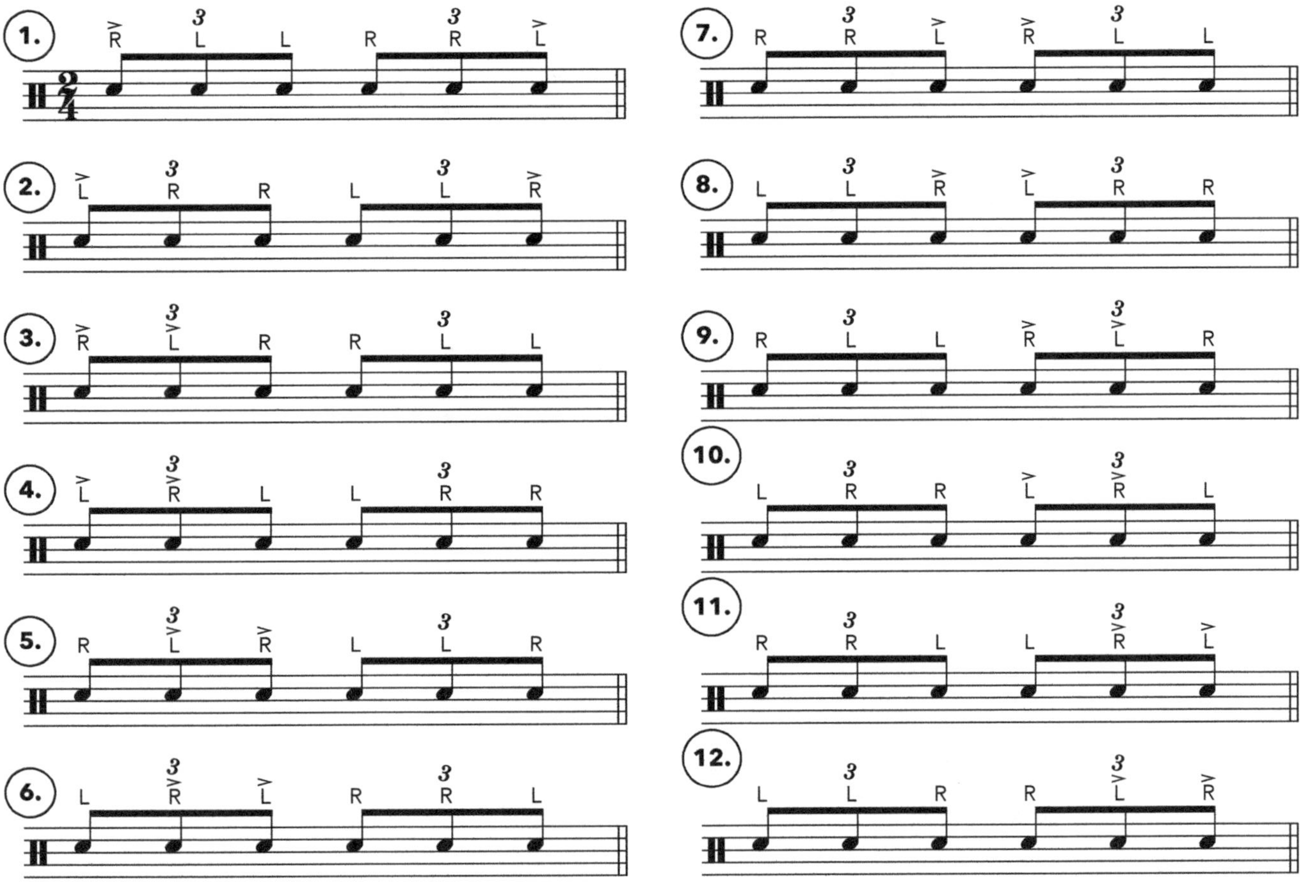


**Für alle kommenden Notenbeispiele nutzen wir das erste Sticking, das auch sicher das populärste der zwölf Stickings ist:**

R L L R R L

**15/2**

Hier einige Beispiele, wie man den **6-Stroke orchestriert**:

= Akzente auf die Toms, der Rest bleibt auf der Snare.

= Akzente auf Crashes und BDr, der Rest bleibt auf der Snare.

= Rechte Akzente auf Crash, linke Akzente auf Toms.

= Rechte Akzente auf Tom, linke Akzente auf Crash.

**15/3**

**Rhythmische Variationen**
Egal wie man orchestriert, auf die Dauer ist es etwas langweilig, den 6-Stroke Roll immer gleichmäßig über ein Viertel zu verteilen. Die Akzente bewegen sich immer von Puls zu Puls. Aber diese eingeschränkte rhythmische Bewegung lässt sich auflösen. Teilt man den 6-Stroke Roll in zwei Teile, dann besteht er aus zwei 3er Gruppen.

Der erste Teil: **R L L** = **Modul A** und der zweite Teil: **R R L** = **Modul B**

Um von der üblichen Verteilung wegzukommen, müsst ihr diese beiden Module neu miteinander kombinieren. Also nicht A B A B A B …
Sondern z.B.

= AABA

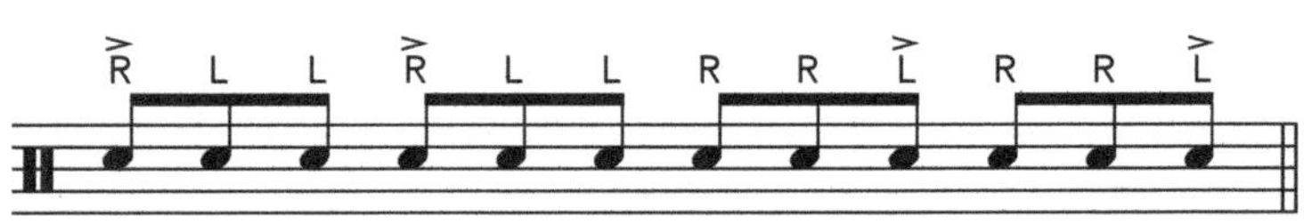


= AABB

= ABBA

= BAAB

Ziel ist es, die **beiden Module „frei Schnauze"** zusammenzusetzen und so völlig neue Akzentbewegungen zu kreieren. Das starre R L L R R L - Schema löst sich damit auf. Hier einige zweitaktige Beispiele:

= ABAB BABA

= BBAB AABA

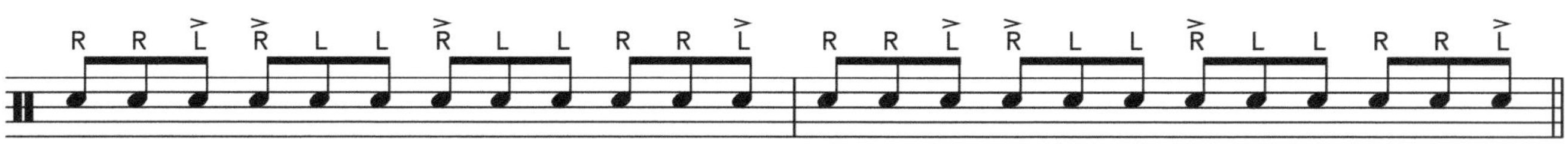


= BAAB BAAB

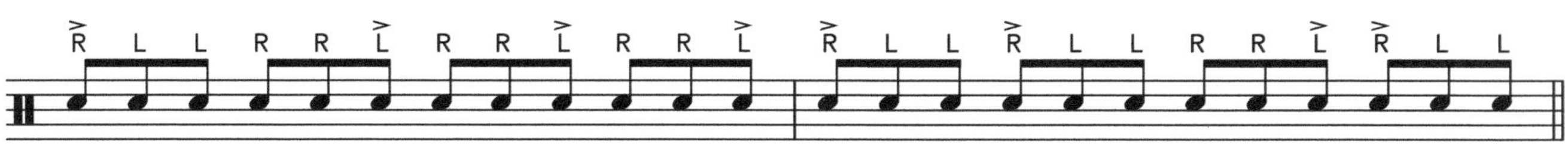


= ABBB AABA

Das Practice Pad eignet sich gut, um mit diesen Variationen fit zu werden.
Dann kommt der Schritt ans Drumset. Versucht jetzt, die Akzente auf die Toms zu verteilen, der Rest bleibt auf der Snare.

= AABA

So so sieht die Verteilung der Akzente auf Cymbal (plus BDr) aus:

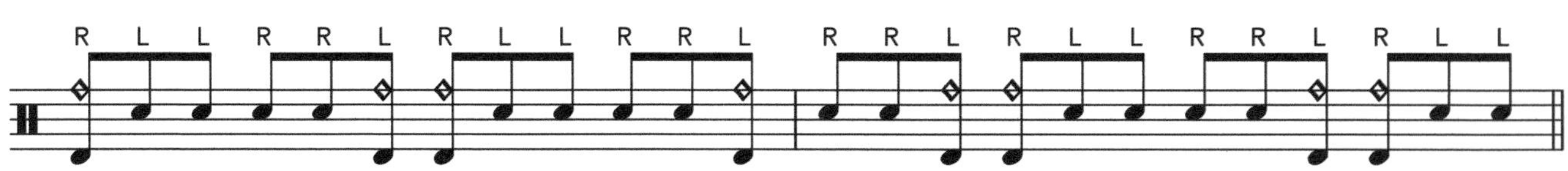


= ABAB BABA

**Das Prinzip der rhythmischen Variation lässt sich auf jede Orchestrierung anwenden.**
Es gibt eine Unmenge an Verteilungsmöglichkeiten, was einerseits toll, andererseits aber auch verwirrend ist.
Darum ist es hilfreich, den Fillin **nach bestimmten Kriterien zu verteilen.**

Zum Beispiel:
Die linke Hand bleibt auf der Snare, die rechte Hand verteilt.
Die rechte Hand bleibt auf den St Tom, die linke Hand verteilt.

*Eine andere Möglichkeit ist es,* ***das Drumset in verschiedene Wege einzuteilen.***

Es gibt Wege,
die vom Körper wegführen und umgekehrt...
die von rechts nach links führen und umgekehrt...
die rund um das Set führen und zurück...

So könnt ihr **Struktur und Ordnung** in die vielen Möglichkeiten bringen, die euch zur Verfügung stehen.

Zum Eingewöhnen ist es einfacher und überschaubarer, die 6-Strokes als 8-tel Triolen zu üben.
Da die Anwendungen dieser Fillins in der Praxis aber meist in 16-tel Triolen geschieht, **notieren wir ab jetzt die 6-Strokes in 16-tel Triolen.**

***15/4***

**Substitution mit der BDr oder HH (Fuß)**
Der 6-Stroke Roll bekommt noch einmal einen ganz entscheidenden Kick, wenn man die BDr oder die HH (Fuß) in den Roll integriert.
Fillins, bei denen die **BDr Teil des Patterns** ist (also nicht nur die Cymbals doppelt), haben eine ganz eigene Qualität und sind spieltechnisch sehr anspruchsvoll. Es braucht einige Zeit, um diese Figuren gut und sauber zu koordinieren und auf Tempo zu bringen. Aber wenn es funktioniert, dann gehen bei diesen Fillins auch wirklich die Türen auf.
**Sound**: Ersetzt man mit der BDr, dann klingen die Fillins natürlich anders, als wenn wir mit der HH ersetzen. Der Sound mit der BDr ist wuchtiger und die Verteilungen beziehen sich eher auf Snare und Toms.

Mit der HH klingt es interessant, wenn ihr die Becken in die Verteilung einbezieht. Die Fillins klingen feiner und filigraner.

Im folgenden Schritt ersetzt die BDr den ersten der beiden RR - Schläge.
B = BDr:

**RLLRRL = RLLBRL**

Wichtig: Die Akzente bleiben bestehen!

Hier einige Beispiele für Verteilungen:

R. Hand = St Tom
L. Hand = Snare

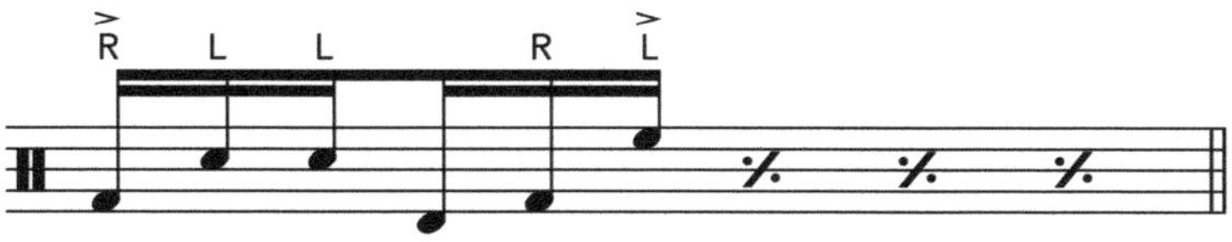


R. Hand Akzente = St Tom
L. Hand Akzente = linkes Tom
Rest = Snare

Weitere Verteilungsmöglichkeiten:

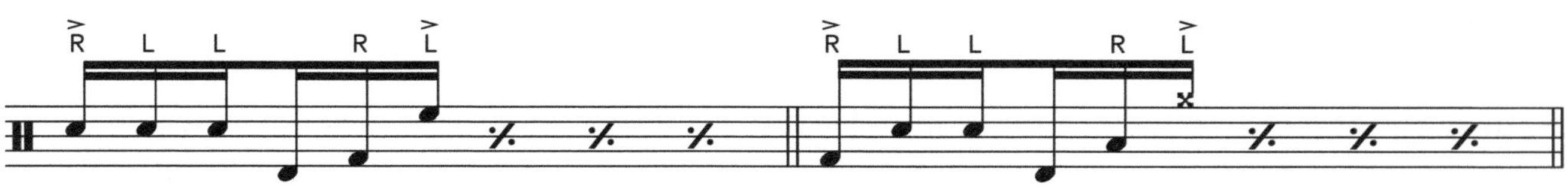

**Substitution mit der HH (Fuß)**

Auch hier ersetzt die HH den ersten der beiden RR - Schläge.

H = HH:

**R L L R R $\overset{>}{L}$ = $\overset{>}{R}$ L L H R $\overset{>}{L}$**

Hier einige Orchestrierungen:

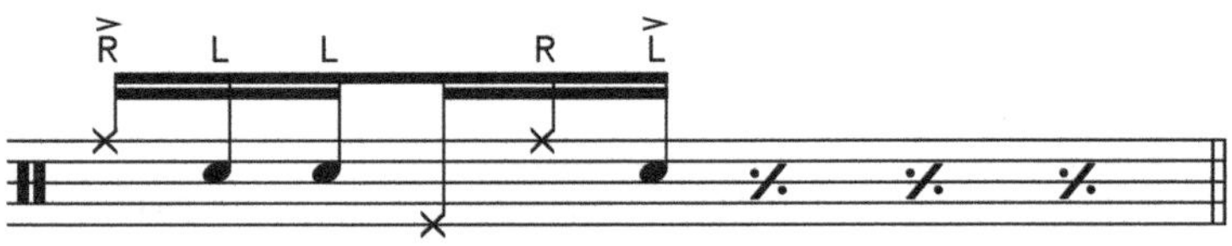


R. Hand = Ride Cymbal
L.Hand = Snare

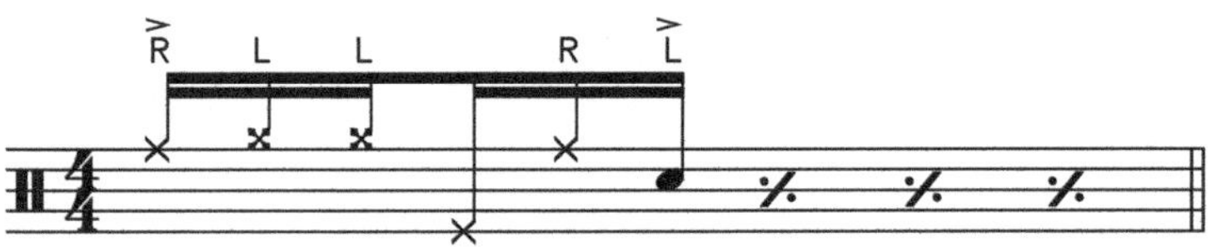


R. Hand = Ride Cymbal
L. Hand Ghostnote = HH
L. Hand Akzent = Snare

**15/5**

**Eine weitere interessante Fillin Option** ergibt sich durch das Doppeln der rechten Hand mit der BDr. In diesem Fall spielt die rechte Hand auf dem Ride Cymbal, die linke Hand spielt auf der Snare.
Hier die sieben Möglichkeiten, die rechte Hand zu doppeln:

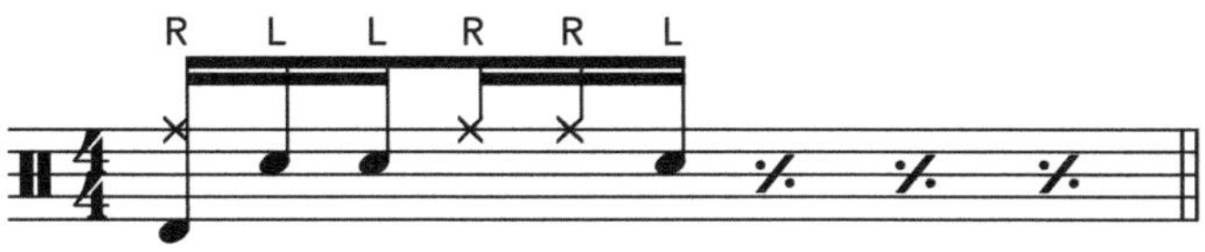


= BDr auf Position 1

= BDr auf 2

= BDr auf 3

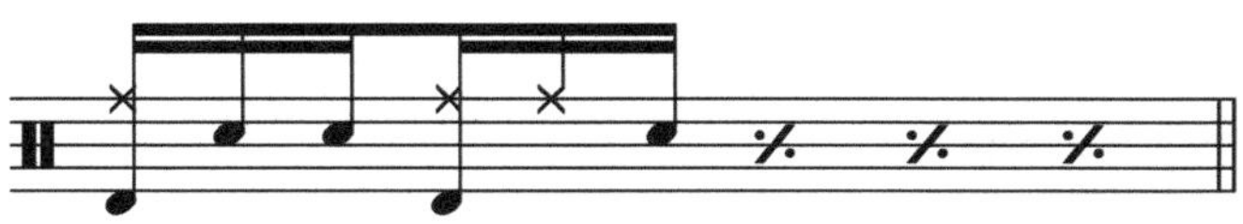

= BDr auf 1+2

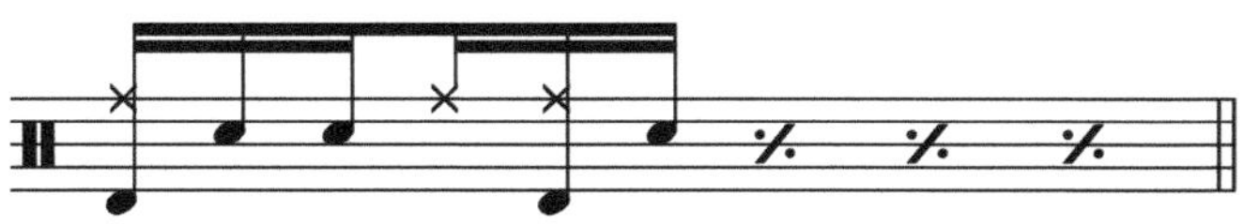

= BDr auf 1+3

= BDr auf 2+3

= BDr auf 1+2+3

**15/6**

## 6-Stroke Roll als Cross Rhythmus

Eine rhythmische Figur wird zu einem Cross Rhythmus, wenn sie länger oder kürzer ist als das Taktmaß. Wenn ihr den 6-Stroke in 16-teln spielt, entsteht ein Cross Rhythmus. Da das Sticking sechs Schläge lang ist, lässt es sich nicht gleichmäßig auf einen 16-tel Takt verteilen. Anders gesagt: Es geht nicht auf.

Man muss also in einem 16-tel Takt 2 x 6 + 4 spielen:

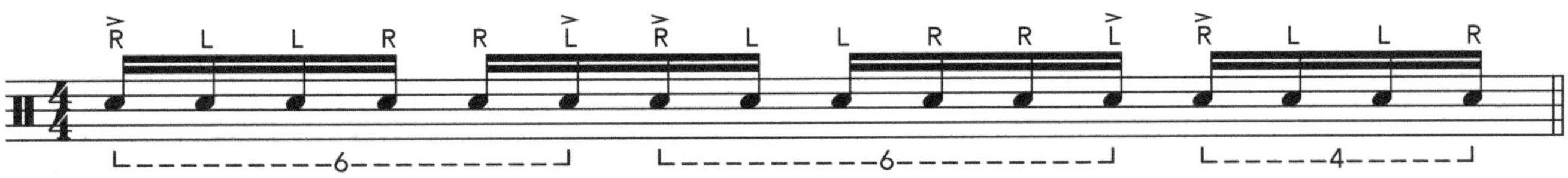


Dieses Muster (2 x 6 + 4) könnt ihr auf alle Orchestrierungen anwenden.

Akzente auf Crashes

Substitution BDr

Doppeln der r. Hand mit der BDr

Mit der **Erweiterung auf zwei Takte** wird es deutlich schwererer, dem Cross Rhythmus zu folgen. Nutzt alle Hilfsmittel, wie Click - Zählen - Viertelpuls im Fuß, um euch zu orientieren.

Jetzt lautet die Unterteilung: 5 x 6 + 2 = 32

Auch hier wenden wir das Muster (5 x 6 + 2) auf alle Orchestrierungen an.

Akzente auf Crashes

Substitution BDr

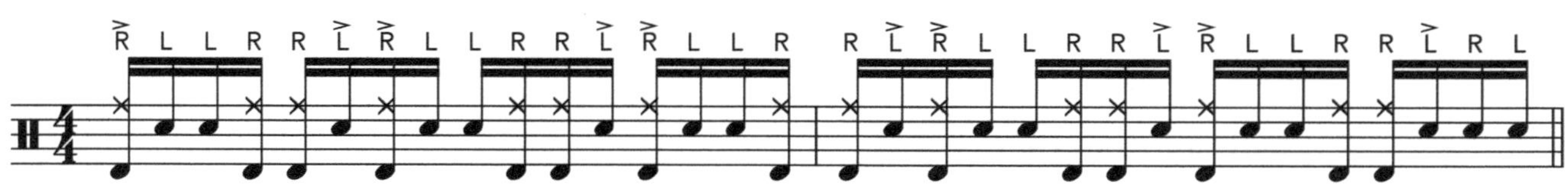


Doppeln der r. Hand mit der BDr

**Puh, das dürfte das umfangreichste Kapitel in diesem Buch sein. Man könnte ein ganzes Drumsolo mit den verschiedenen Möglichkeiten gestalten, ohne das System der 6-Stroke Rolls zu verlassen. Probiert es aus!**

# 16 / Fillinkonzept „3er - 5er - 7er" (Gospel Chops)

Wir beschäftigen uns in diesem Kapitel mit der **„Right Hand Lead"** Variante der 3er, 5er und 7er Fillins in 16-teln. Und weil die Dinger so schön rollen und knallen, werden sie gerne im modernen **Fusion- und Gospelbereich** gespielt und auch als Gospelchops bezeichnet. Diese Fillins zeichnen sich durch **zwei Merkmale** aus:
Die rechte Hand führt die Gruppen, während die linke Hand mit Ghostnotes ausfüllt. Außerdem ist die Einteilung (3,5,7) ungerade, was zu interessanten Cross Rhythmen führt.

Basismodule: **3 = $\overset{>}{R}$ L L**

**5 = $\overset{>}{R}$ L $\overset{>}{R}$ L L**

**7 = $\overset{>}{R}$ L $\overset{>}{R}$ L $\overset{>}{R}$ L L**

**Gruppen pro Takt**:

3er Gruppen: 16 = 5 x 3 + 1

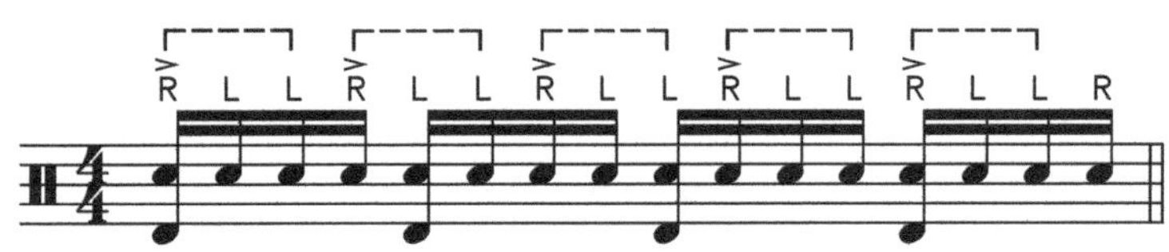


5er Gruppen: 16 = 3 x 5 + 1

7er Gruppen: 16 = 2 x 7 + 2

Jede der drei Gruppen bildet einen eigenen Cross Rhythmus. Um wirklich sicher damit umgehen zu können, empfehlen wir euch einen **Viertelpuls** mit dem BDr- oder dem HH-Fuß. Das ist eure **Referenz**, daran könnt ihr euch orientieren.

**Am Drumset**
Lasst die BDr auf Vierteln laufen (und den HH-Fuß auf den + Zeiten) und verteilt die Akzente der rechten Hand auf **die Toms**. Macht euch mit den Gruppen vertraut.

Als nächstes spielt ihr die Schläge der rechten Hand auf dem **Ride Cymbal**. Die BDr als Puls fällt jetzt weg, weil sie das Becken unterstützt. Schmeißt einen Click an, wenn ihr euch unsicher dabei fühlt.

3er Gruppen

5er Gruppen

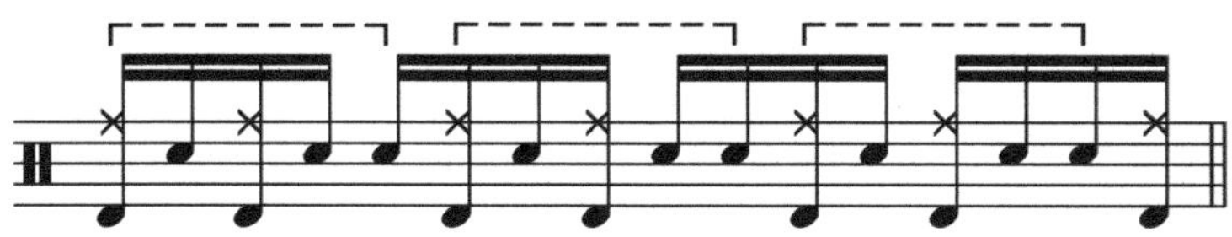

7er Gruppen

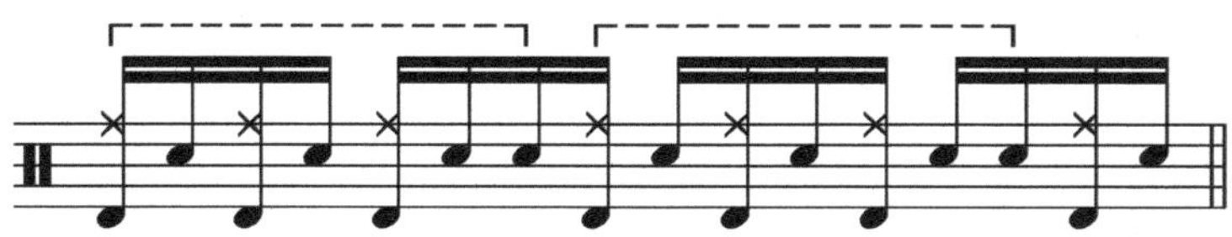

Bis hierhin spielen wir pro Takt eine 3er-, eine 5er- oder eine 7er Gruppe. Auf die Dauer ein bisschen eintönig. Also vermischen wir jetzt die Gruppen und schauen mal, was in einen Takt hineinpasst.
Folgende Möglichkeiten habt ihr, wenn ihr **alle drei Gruppen** unterbringen wollt:

**3 + 5 + 7 + 1 / 3 + 7 + 5 + 1**

**5 + 3 + 7 + 1 / 5 + 7 + 3 + 1**

**7 + 3 + 5 + 1 / 7 + 5 + 3 + 1**

Gewöhnt euch daran, die rechte Hand sowohl auf Toms, wie auch auf Cymbals (plus BDr) zu verteilen. Am Set wird der letzte Schlag übrigens meist mit der BDr gespielt.

Ein Beispiel für **3 + 5 + 7 + 1**

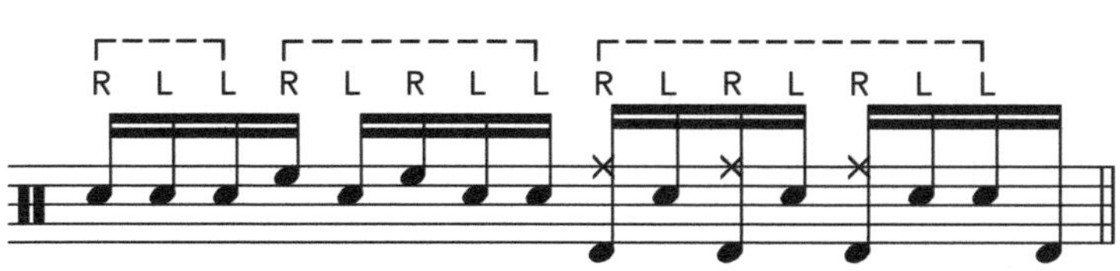

Besonders spannend klingt es, wenn ihr bei den 5er- und 7er Gruppen auch innerhalb einer Gruppe auf Toms und Cymbals verteilt.

5er Gruppen

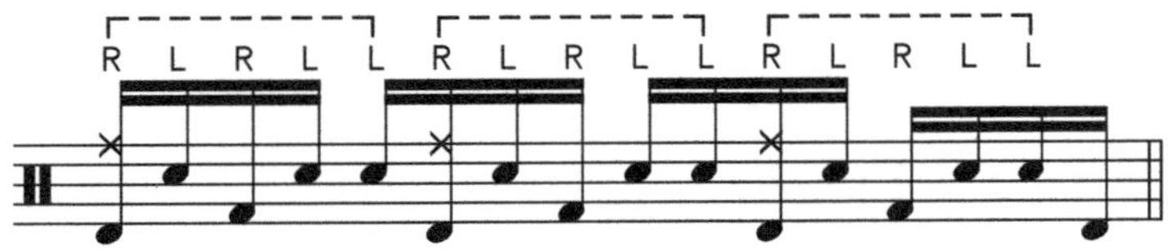


7er Gruppen

**Zweitaktig**

Bis hierhin bewegen wir uns mit den Fillins immer in einem Takt (16 Schläge). Jetzt erweitern wir auf zwei Takte (32 Schläge). Der Cross Rhythmus wird nun deutlich **komplexer**.

3er Gruppen: 32 = 10 x 3 + 2

5er Gruppen: 32 = 6 x 5 + 2

7er Gruppen: 32 = 4 x 7 + 4

Es braucht einige Zeit, um die 3er- 5er- und 7er Verschiebung zu erfassen und zu fühlen. Der Weg über zwei Takte hinweg ist lange. **Lautes Zählen** kann helfen, genauso wie **ein Click** mit einem Signal auf der Zählzeit „1".

Sobald ihr euch über zwei Takte sicher fühlt, könnt ihr die Gruppen vermischen.
Hier ein paar Vorschläge über zwei Takte:

**3 + 5 + 7 + 7 + 5 + 3 + 2 = 32**

**5 + 5 + 7 + 3 + 3 + 7 + 2 = 32**

**3 + 3 + 3 + 7 + 7 + 5 + 3 + 1 = 32**

**7 + 3 + 7 + 3 + 5 + 5 + 2 = 32**

Es macht durchaus Sinn, einige dieser Zahlenreihen zu spielen, bevor ihr in die Improvisation geht. Im Laufe der Zeit bildet sich ein klares Gefühl für Phrasen über zwei oder vier Takte heraus, dann hört ihr nur noch auf die Akzente und füllt automatisch aus.

Hier noch ein **Special**:

Eine wirklich substantielle Veränderung im Sound entsteht, wenn ihr bei den 5er- und 7er Gruppen auch die Einzelschläge der linken Hand betont. Das macht sich vor allem bemerkbar, wenn ihr die rechte Hand auf Toms oder Cymbals verteilt. Mit den **zusätzlichen Akzenten** kommt noch einmal einiges an Power dazu.

```
       >   >
5er :  R L R L L

       > > >   >             >   > > >             > > > > >
7er :  R L R L R L L         R L R L R L L         R L R L R L L
```

# 17 / Ungerade Metren & Cross Rhythmen

Ungerade Metren sind aus der Rock-, Pop- und Weltmusik nicht mehr wegzudenken. Wer sich als **Allround Drummer/in** etablieren möchte, muss sich diesen Themen stellen. Cross Rhythmen innerhalb ungerader Metren sind ein spezieller Themenbereich. Wer sich damit auseinandersetzt, **profitiert letztlich** vor allem dadurch, dass er / sie deutlich souveräner innerhalb eines geraden- oder ungeraden Metrums agieren kann. Wer will schon fünf Minuten lang dasselbe Pattern spielen. Der Reiz liegt ja vor allem im **Gestalten, Reagieren, Variieren und Improvisieren…**

Mit den folgenden Übungen könnt ihr einen großen Schritt in Richtung Hände / Füße-Unabhängigkeit schaffen. Dabei spielen die Füße eine ostinate Figur, während die Hände verschiedene Patterns spielen.

Eine rhythmische Figur wird zu einem Cross Rhythmus, wenn sie länger oder kürzer ist als das Taktmaß.
Wenn also, wie bei der ersten folgenden Übung, das Taktmaß 3/4 ist und das zu spielende Pattern eine Länge von 4/4 hat, dann wird das Pattern zu einem Cross Rhythmus.
Wir starten in 3/4, weil das vermutlich das Metrum ist, zu dem wir im Bereich ungerade Metren den stärksten Bezug haben.

Wir beginnen mit einem **3/4 Ostinat für BDr und HH**:

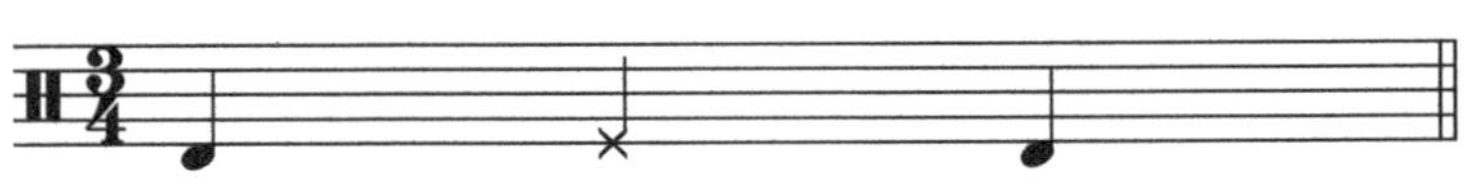

Spielt die folgenden 24 Hand Pattern zu diesem Ostinat. Wir empfehlen euch, die Übung mit einem Click zu spielen, der euch ein akustisches Signal auf der „1" des 3/4 Taktes gibt.

Fußostinat und Pattern 1

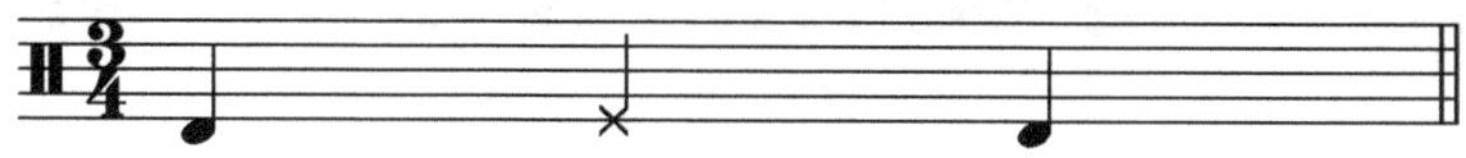

+

Und nun zu den 24 Patterns.

Bis jetzt habt ihr die Cross Rhythmen nur auf der Snare gespielt. Natürlich könnt ihr die Pattern auch **auf das Set verteilen**. Dann klingen die Cross Rhythmen auch wie Fillins und nicht wie eine mathematische Übung.
Verteilt z.B. die Akzente auf die Toms oder denkt euch andere Verteilungen aus.

**Andere Ostinati und andere Cross Rhythmen**

Wenn ihr dieses Thema weiter vertiefen wollt, dann könnt ihr die 24 Pattern auch mit anderen Ostinati und anderen Taktarten spielen.

Ostinati:

Hier noch einige Stickings als Cross Rhythmen, die ihr zu den verschiedenen Ostinati spielen könnt.

Die 4 Paradiddles:

**RLRR LRLL**

**RLLR LRRL**

**RRLR LLRL**

**RLRL LRLR**

Die 4 Double Stroke Positionen:

**RRLL RRLL**

**RLLR RLLR**

**LLRR LLRR**

**LRRL LRRL**

Die 3er-, 5er- und 7er-Verschiebungen:

**RLL**

**RLRLL**

**RLRLRLL**

# 18 / Rhythm. Verschiebungen in 8-teln - Level I

**Hier geht es darum, Ideen zu entwickeln, wie man ein Motiv rhythmisch variiert und mit ihm improvisiert. Macht euch ein Bild von diesen Übungen und schaut euch das Videobeispiel dazu an. Wie so oft löst sich dann das eine oder andere Fragezeichen wie von selbst auf.**

Es passiert uns immer wieder mal, dass wir uns beim Improvisieren im Beat verlieren und nicht mehr wissen, wo die „1" ist. Dann ist die ganze Band in Schwierigkeiten. Das will man natürlich nicht und deshalb spielen wir **auf Nummer sicher** und gehen lieber kein Risiko ein. Leider führt das in der Regel dazu, dass wir nicht sehr spontan und kreativ spielen.

Verschiebungen setzen einen **musikalischen Reiz**, der überraschend klingen kann, wenn man lernt, ihn spontan anzuwenden.

Dabei ist es wichtig, dass wir ein starkes Gespür für eine **4-taktige Form entwickeln**. Diese Übungen helfen, Sicherheit und **Stabilität zu entwickeln**, wenn es um rhythmische Variation und Improvisation geht.

a) Spielt einen einfachen Beat mit dem **rhythmischen Motiv** wie im jeweils ersten- und zweiten Takt notiert. Im Takt drei und vier spielt ihr das Motiv um eine 8-tel nach hinten verschoben. Das gleiche Motiv klingt jetzt anders und fühlt sich anders an.
In der nächsten Zeile ist das Motiv in Takt drei und vier um eine Viertelnote verschoben. Dann beträgt die Verschiebung drei 8-tel und so weiter.

Achtet genau auf den Moment der rhythmische Verschiebung. Wenn ihr ein sicheres Gefühl für Metrum, Puls und die Verschiebung habt, dann könnt ihr das Pattern...
...komplexer gestalten
...zwischen den Motiven solieren / improvisieren.

b) Jetzt **verschieben** wir das Motiv um eine 8-tel **nach vorne**.

c) Ein anderes Motiv, jetzt mit einer punktierten Achtel und einer 16-tel Note.
Verschiebung um eine 8-tel nach hinten:

d) Verschiebung um eine 8-tel nach vorne:

Dieser Einstieg in das Thema rhythmische Verschiebungen hat hoffentlich euer Interesse geweckt. Zum Ende des ***master level*** greifen wir das Thema noch einmal auf. Dann aber mit komplexeren Motiven und auch im ternären Bereich.

# DRUMMER'S INSPIRATION 2.0

master level

Wer regelmäßig übt, weiß, dass man im Grunde genommen **nie „fertig"** ist.
„Zum Glück", sagen die einen. „Das wäre ja jammerschade, wenn es irgendwann nichts mehr zu üben gäbe".
„Was für ein Frust", sagen die anderen. "Das nimmt ja kein Ende."
Es ist eine **Frage der Haltung**, wie man diesen Prozess beurteilt. Üben ist wie eine nach oben gerichtete Spirale, die nicht endet. Das Schöne dabei ist, wenn wir in diesen Prozess eintauchen, dann verbessern wir kontinuierlich unser Drumming. Und wer sich ein Schlagzeuglehrbuch kauft, der / die hat offenbar Lust zu üben und sich weiter zu entwickeln. Beste Voraussetzungen für die kommenden Übungen, die euch wirklich viel abverlangen werden.

Anders als in den Kapiteln des basic- oder advanced Levels sind die **Übevorgaben** im *master level* nicht mehr so ausführlich. Natürlich machen wir weiterhin Übevorschläge, aber ihr entscheidet, was im Detail passiert. Wir wollen eure **Phantasie** nicht durch zu viele Vorgaben einschränken.
In den Kapiteln des master level findet ihr Konzepte und Übungen, die man nur mit viel **Geduld und Beharrlichkeit** bewältigen kann. Und wie so oft steckt manchmal in einem Satz ein ganzer Monat Übezeit.
Schaut euch die **Videobeispiele** an und pickt euch die Kapitel heraus, die euch ansprechen. Wenn das der Fall ist, dann vertraut einfach darauf, dass ihr von den Übungen profitieren werdet.
Wie bereits im *advanced level* geben die Videobeispiele eine Zusammenfassung eines Themas.

Wegen der vielen Symbole (Sticking, Akzente usw.) haben wir in einigen Kapiteln eine Notation ohne die „3" für Triole- oder die „6" für Sechstole gewählt. Entweder erscheint die 3 oder die 6 dann nur in der ersten Zeile eines Überblocks oder es wird kurz darauf hingewiesen.
Die Konzepte und Systeme in diesen Kapiteln sind inhaltlich sehr unterschiedlich. Sie werden nicht kontinuierlich schwerer und sie bauen auch nicht aufeinander auf.
Jedes einzelne Kapitel bearbeitet **ein bestimmtes Segment**, ein bestimmtes Thema und das **auf allerhöchstem Niveau!**

# 1 / Special Timepyramide: 4-tel bis 32-tel

Im *basic level* habt ihr die „special Timepyramide" bis zu den 16-teln kennengelernt (Workout Nr. 5). Im *advanced level* kamen Quintolen und 16-tel Triolen dazu (Workout Nr 3).
Jetzt, mit den Septolen und den 32-teln, ist die **Pyramide komplett**.

Die Stickings zu den jeweiligen Schritten sind nicht wie üblicherweise „Hand to Hand". Sie sind so definiert, dass die rechte- und die linke Hand immer abwechselnd pro Viertel führen. Ihr müsst also nicht ganze- und auch nicht halbe Takte spielen, bevor ihr wechselt.

Wir können eine Time Pyramide akkurat und exakt von Takt zu Takt spielen. Aber was, wenn die Sprünge **querbeet** gehen? Was, wenn die Länge nicht ein Takt lang ist, sondern nur ein Viertel ist?
Hier geht es darum zu lernen, auf kürzester Strecke die **Subdivisions zu wechseln**. Im Fußball würde man das **„Handlungsgeschwindigkeit trainieren"** nennen.

Macht euch zunächst mit allen Stickings vertraut und spielt die Pyramide taktweise von unten nach oben und zurück. I = 80

## Die komplette Timepyramide

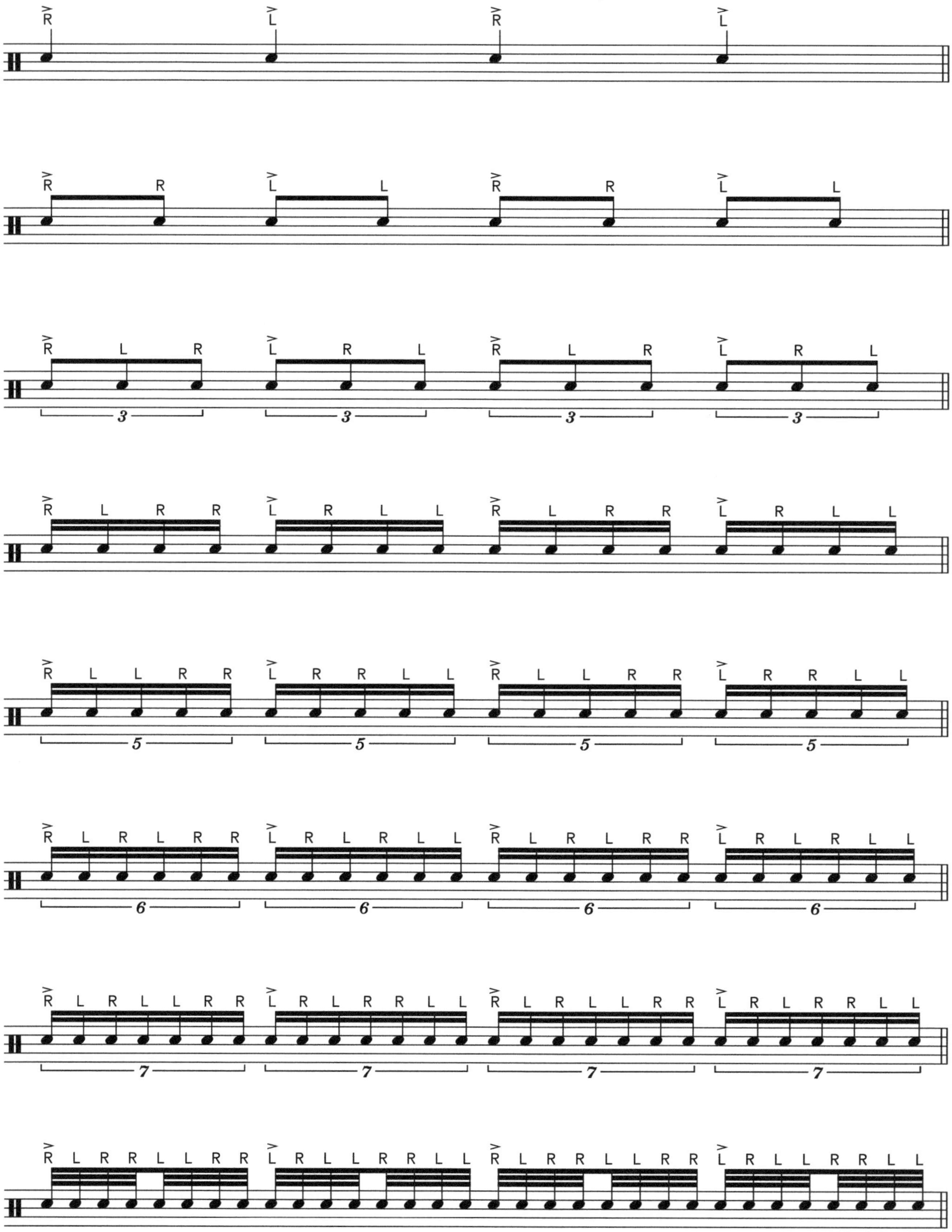

Hier einige Pattern, bei denen wir halbtaktig **querbeet** durch die acht Ebenen wechseln.

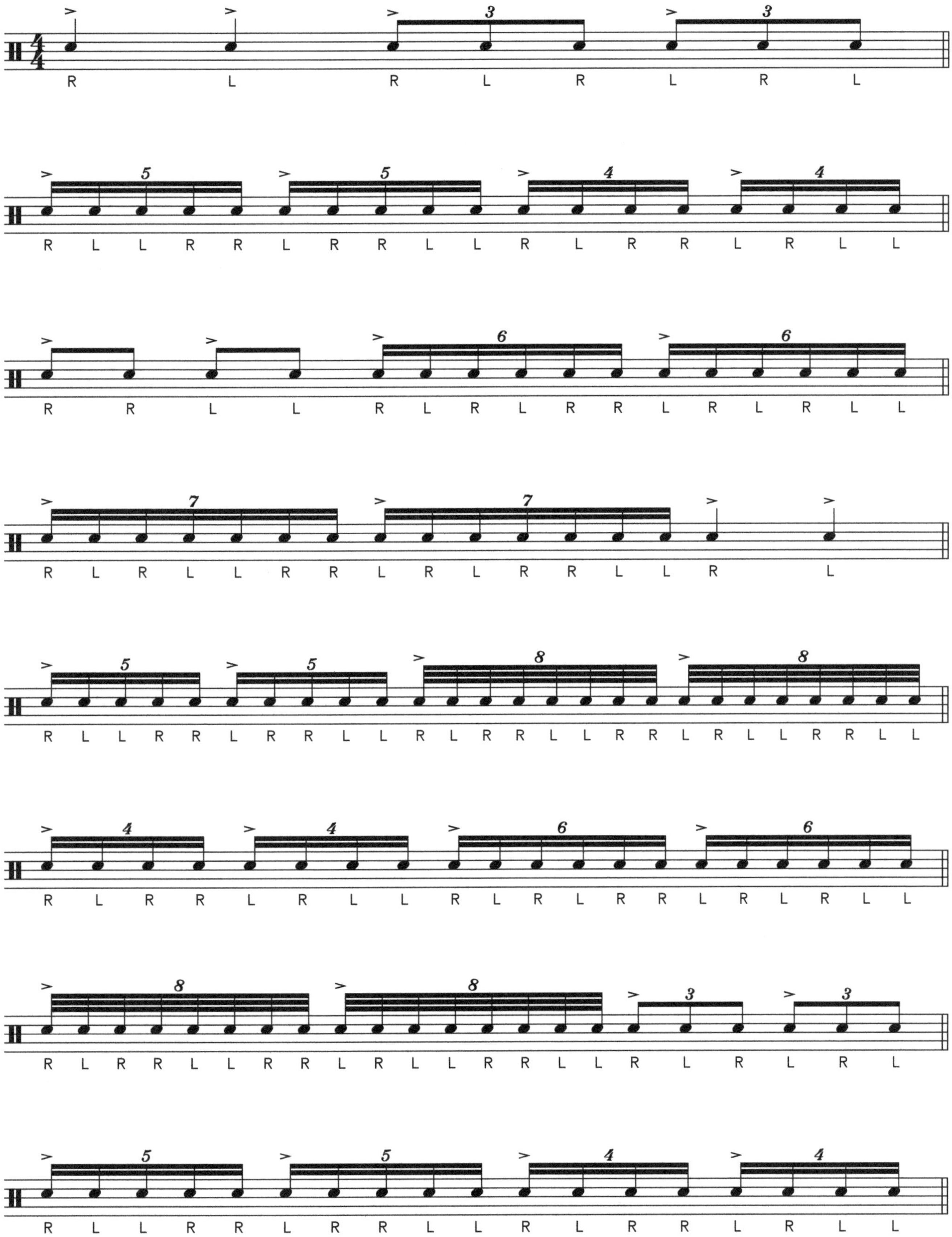

Jetzt verkürzen wir die Bewegung zwischen den Subdivisions auf ein Viertel.

Inzwischen seid ihr sicher mit den Stickings vertraut. Hier einige zweitaktige Kombinationen, die nur noch in Zahlen notiert sind:

2 + 6 + 7 + 7 I 1 + 5 + 3 + 3

5 + 6 + 8 + 8 I 1 + 2 + 7 + 4

1 + 3 + 2 + 4 I 3 + 5 + 7 + 8

8 + 7 + 6 + 1 I 2 + 3 + 4 + 5

Habt ihr Lust zu **orchestrieren**, wollt ihr längere Phrasen spielen, das Tempo ein bisschen höher / tiefer, ein **anderes Taktmaß**? Entscheidet selbst, wie es weiter geht.
Viel Spaß dabei!!!

# 2 / Mikrotime - Subdivisions

Auch in diesem Übekonzept geht es um Subdivisions und ihre **präzise Aufteilung** / Trennung im Takt.
**Mark Guiliana** hat in seinem Buch „EXPLORING YOUR CREATIVITY ON THE DRUMSET" (Hudson Music) den Anstoß für diese Übung gegeben. Seine Persönlichkeit, sein Drumming und sein Buch sind eine wunderbare **Quelle der Inspiration**. Hier führen wir seine Grundidee zu dieser Übung aus und variieren die Pattern.
Jede Übung beginnt mit einer Länge von vier Takten:
Ein Takt 8-tel, ein Takt 8-tel Triolen, ein Takt 16-tel und wieder ein Takt 8-tel Triolen. Dann halbieren wir die Spiellänge und verkürzen auf zwei Takte.
Zuletzt verkürzen wir die Übung auf einen Takt. Der Platz für die **Subdivision** wird immer **komprimierter**. Und damit wird es auch schwieriger, exakt zwischen den Subdivisions zu differenzieren.

Die wahre **Herausforderung** beginnt spätestens mit Übung 2. Jetzt kommen 8-tel Triolengruppen und 16-tel Gruppen, die nicht mehr „komplett" sind.
Die Differenzierung zwischen den 8-tel Triolen und den 16-teln ist sehr anspruchsvoll.
Und natürlich steigt die Schwierigkeit mit dem Tempo. Darum solltet ihr hier unbedingt mit einem Tempo einsteigen, in dem ihr die rhythmischen Wechsel kontrollieren könnt.
Wir empfehlen euch mit Tempo I = 70-80 zu beginnen.

1.

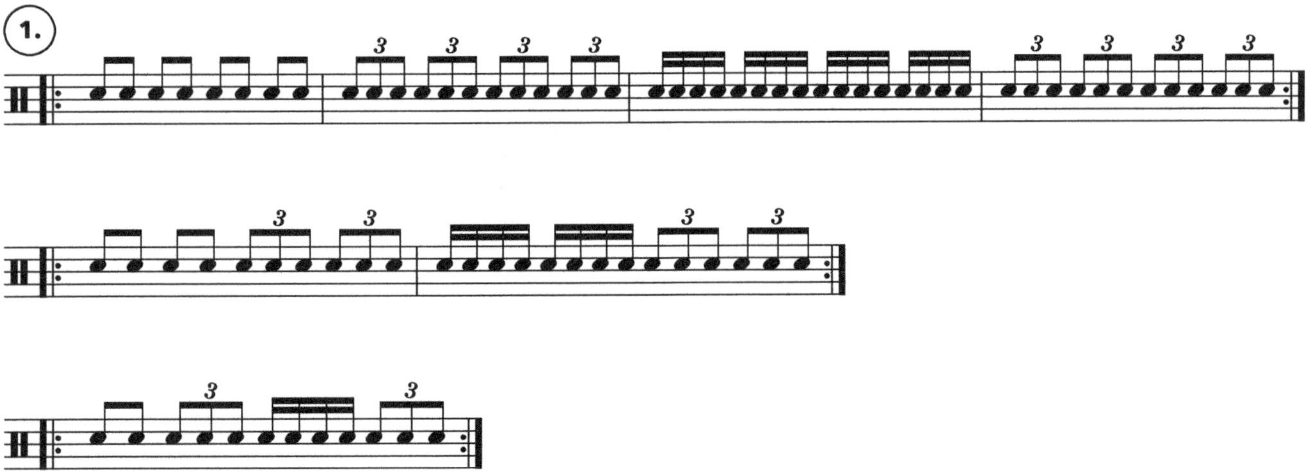

2.

3.

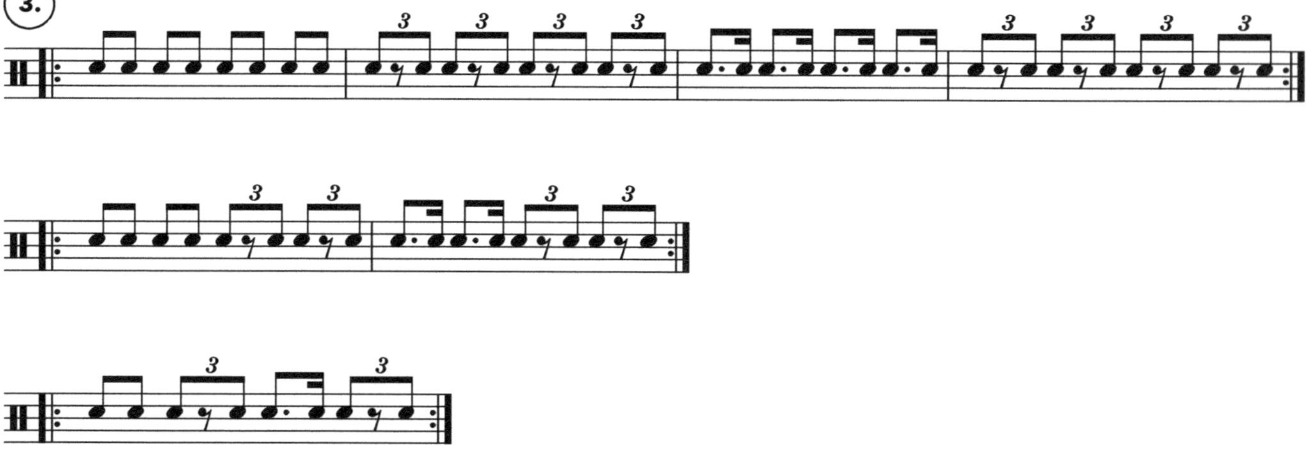

4.

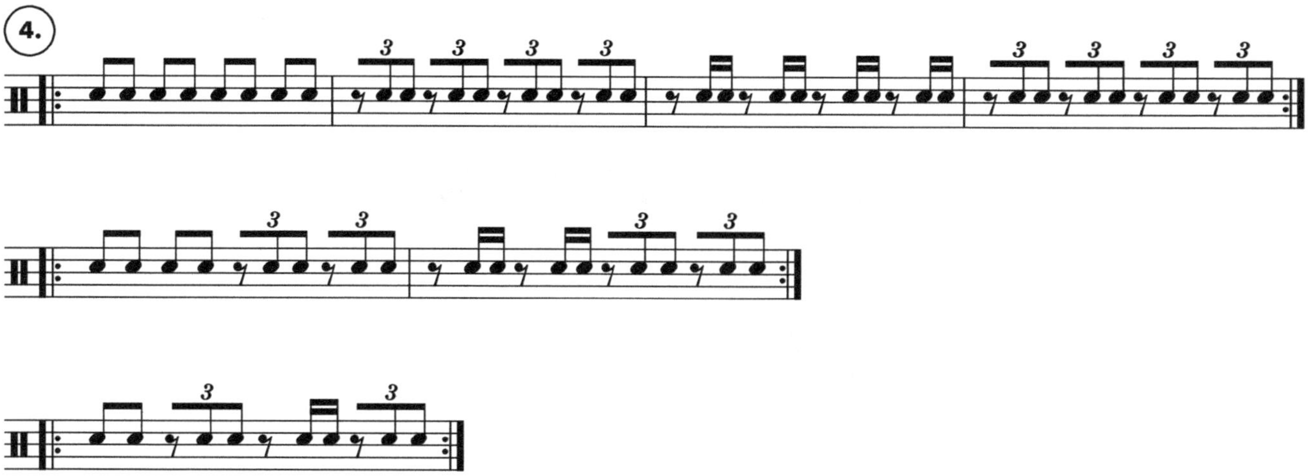

# MASTER WORKOUT 1

1.

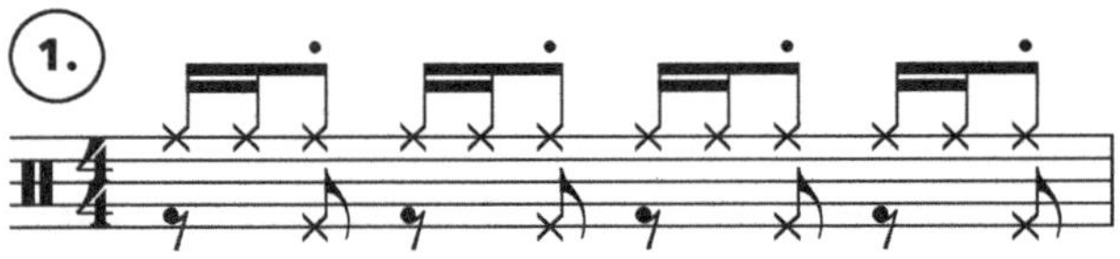

2.

+

a.)

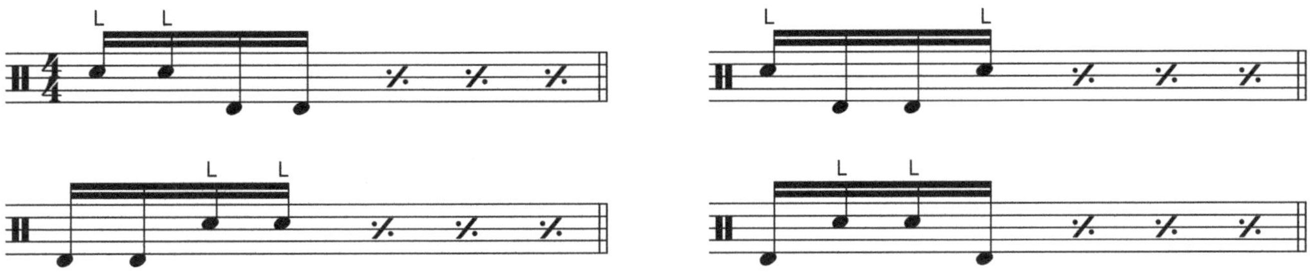

b.)

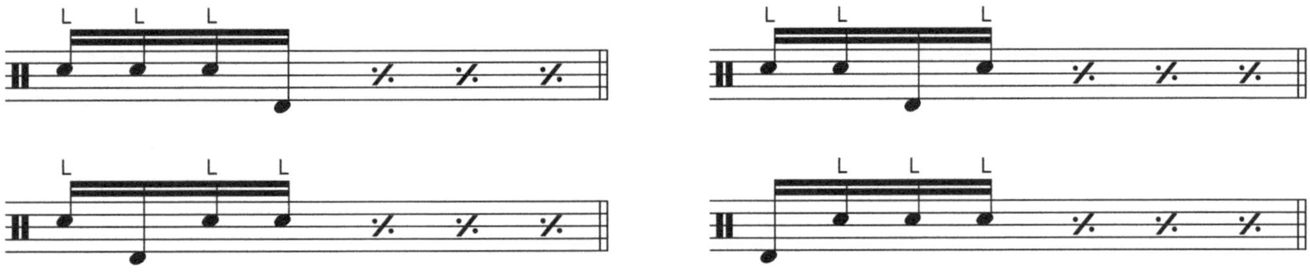

c.)

# 3 / Beats ternär mit Lü 7 + 8

Die Arbeit mit den Lü 7 + 8 stellt an sich schon eine Herausforderung dar, weil der Lesetext sehr anspruchsvoll ist. Im Gegensatz zu den Lü 5 + 6 ist jetzt die **mittlere 8-tel Triole** fester Bestandteil der Lü. Nehmt euch also ausreichend Zeit, den Lesetext zu beherrschen, bevor ihr in die Übungen einsteigt.

All diese Übungen zielen in Richtung fortgeschrittene **Unabhängigkeit im triolischen Bereich**.
Mal klingt es nach Rhythm´n Blues oder Rock Shuffle, nach Jazz oder Afro Cuban…
Diese Übungen sind das Rüstzeug für **alle Stile auf ternärer Basis** im Halftime- und im Fulltime Feel.

**3/1**

Beginnt mit der **Unabhängigkeit der BDr** zum Shufflegroove.
Takt 1+2 der Lü Blatt 7 mit dem **Fulltime** BackBeat:

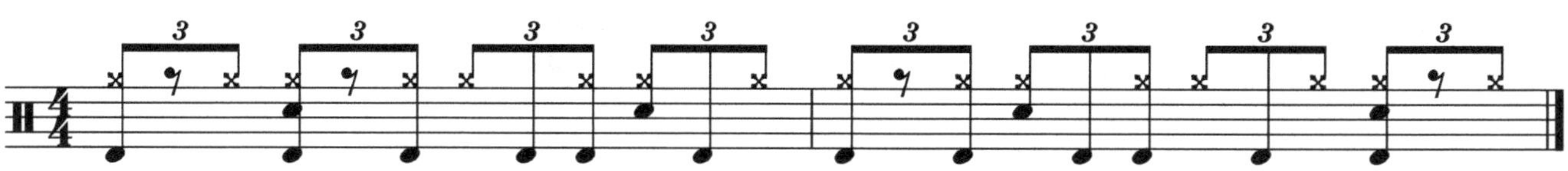


Takt 1+2 der Lü 7 mit dem **Halftime** BackBeat:

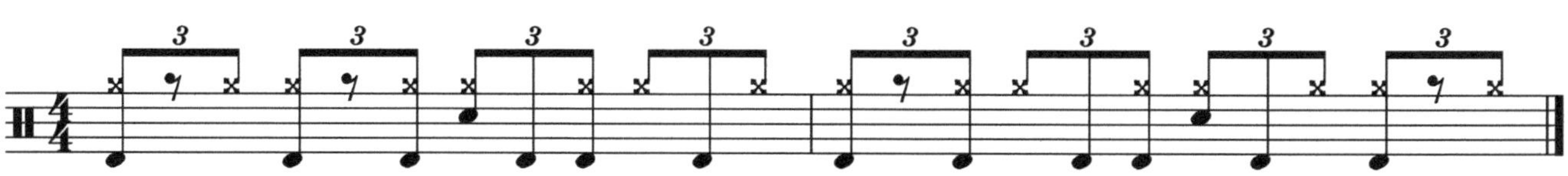


Jetzt spielen die Hände (Hand to Hand) **die volle Triole** plus Fulltime BackBeat:

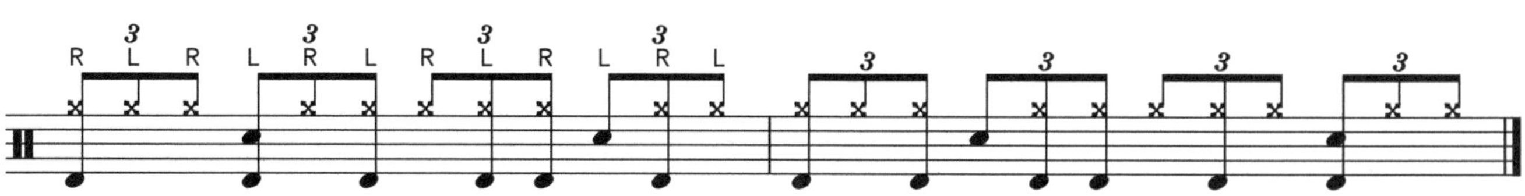

Halftime BackBeat:

Der Focus liegt jetzt auf der **Unabhängigkeit der rechten Hand** (Cymbal).
BDr und Snare spielen „1"+ "3" plus Fulltime BackBeat.

Halftime BackBeat (BDr auf „1") - Snare auf „3":

Zuletzt schauen wir auf die **Unabhängigkeit der linken Hand** (Snare).
BDr spielt auf „1"+ "3". Die rechte Hand (HH oder Cymbal) spielt Viertel.

## 3/2

### Shuffle und Ghostnotes

Wir verfeinern nun das Shuffle Pattern durch Ghostnotes. Ihr kennt das aus dem advanced level. Jetzt ist aber der Lesetext wesentlich anspruchsvoller. Hier das Pattern der Hände - **Fulltime BackBeat**:

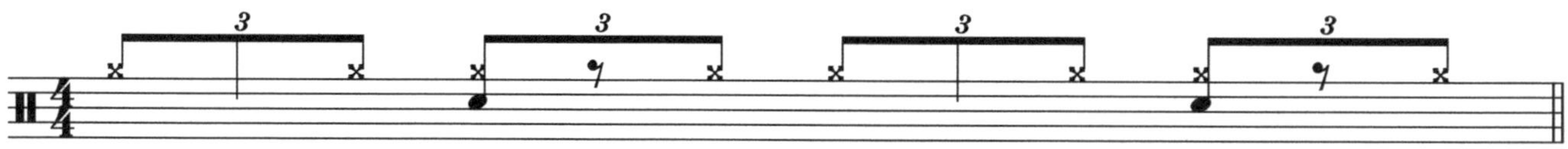

oder

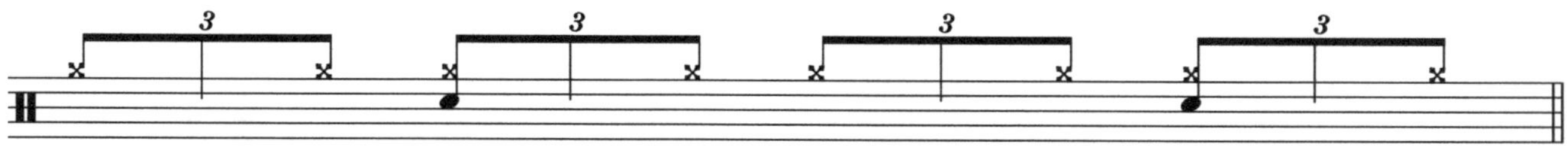

**Halftime BackBeat**:

oder

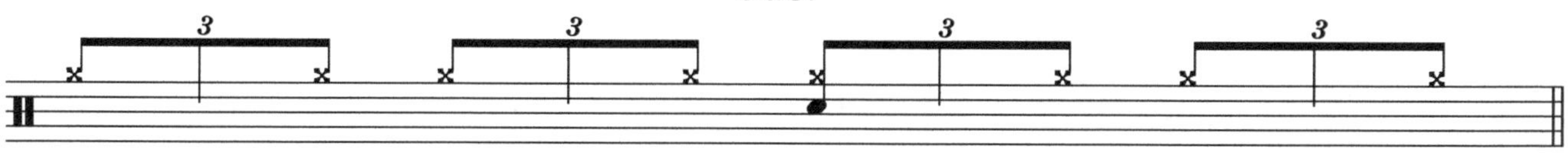

Takt 1+2 der Lü 7 mit dem **Fulltime BackBeat**:

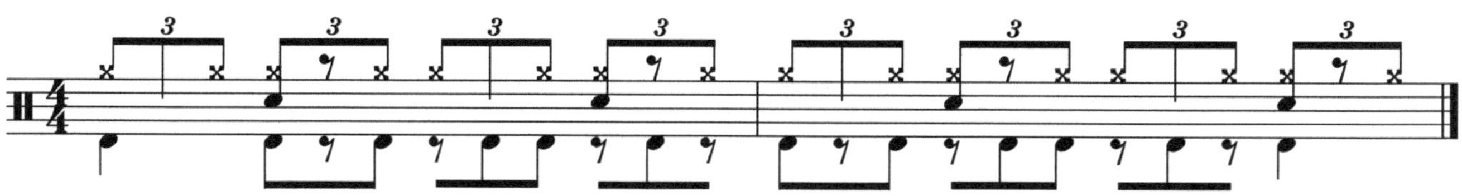

Takt 1+2 der Lü 7 mit dem **Halftime BackBeat**:

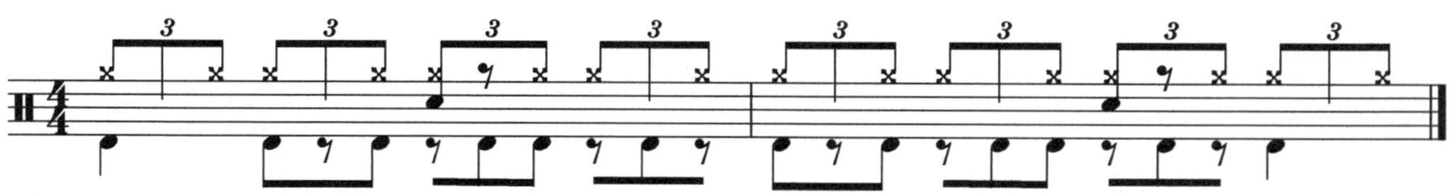

# 4 / Fillins ternär mit Lü 7 + 8

Video 29

Die kommenden Fillin Beispiele geben euch einen Überblick über die möglichen Interpretationen und die Standart Orchestrierungen der Lü 7+8:
Hand to Hand
Hand to Hand mit Flams
Verdopplung der nicht akzentuierten Noten (Akzente und Roll)
Die Pattern im „Right Hand Lead" Modus.
Da der Lesetext ganz schön schwierig ist, empfehlen wir euch, mit einzelnen Takten zu beginnen. Die folgenden Notenbeispiele beziehen sich immer auf Takt 1+2 der Lü Blatt 7.

## *4/1 Hand to Hand*

Wir legen einen Teppich aus 8-tel Triolen und spielen die Noten der Lü als Akzente.
Takt 1+2 der Lü 7

**Akzente auf die Toms:**

**Akzente auf Cymbals plus BDr:**

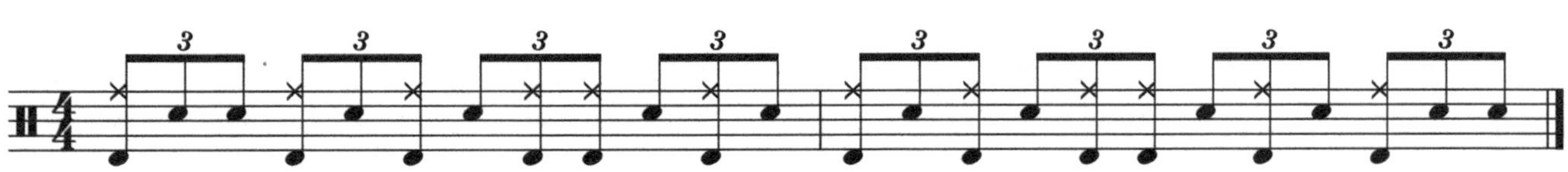

## 4/2 Flams

Takt 1+2 der Lü 7

**Die Flam Akzente auf die Toms:**

## 4/3 Verdopplung der Ghostnotes

Takt 1+2 der Lü 7

**Die Akzente auf die Toms:**

**Akzente auf Cymbals plus BDr:**

## 4/4 Right Hand Lead

**Akzente auf die Toms:**

**Akzente auf Cymbals plus BDr:**

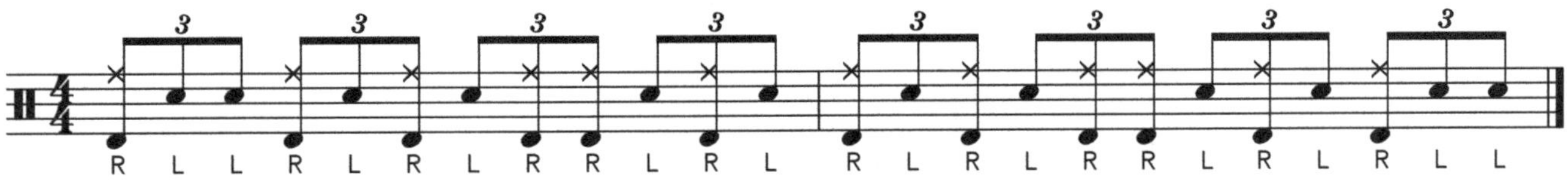

# MASTER WORKOUT 2

R.H. = St.Tom / L.H. = Snare / B = BDrum

1. RLRR LRLL = $\overset{>}{R}$ B $\overset{>}{L}$ $\overset{>}{R}$ B $\overset{>}{L}$ B B

   LRLL RLRR = B $\overset{>}{R}$ B B $\overset{>}{L}$ B $\overset{>}{R}$ $\overset{>}{L}$

2. RLLR LRRL = $\overset{>}{R}$ B B $\overset{>}{L}$ B $\overset{>}{R}$ $\overset{>}{L}$ B

   LRRL RLLR = B $\overset{>}{R}$ $\overset{>}{L}$ B $\overset{>}{R}$ B B $\overset{>}{L}$

3. RRLR LLRL = $\overset{>}{R}$ $\overset{>}{L}$ B $\overset{>}{R}$ B B $\overset{>}{L}$ B

   LLRL RRLR = B B $\overset{>}{R}$ B $\overset{>}{L}$ $\overset{>}{R}$ B $\overset{>}{L}$

4. RLRL LRLR = $\overset{>}{R}$ B $\overset{>}{L}$ B B $\overset{>}{R}$ B $\overset{>}{L}$

   LRLR RLRL = B $\overset{>}{R}$ B $\overset{>}{L}$ $\overset{>}{R}$ B $\overset{>}{L}$ B

# 5 / Doppelparadiddles in 16-tel Triolen,

## in drei Perspektiven

Video 30

**Practice Pad: 6 Stickings**

Wir haben alle so unsere **Lieblingsstickings**. Und wenn es um Doppelparadiddles geht, dann spielen wir meist den ersten Paradiddle und danach kommt erst mal länger nichts…
Nutzt die folgenden sechs Stickings als **Training** und verschafft euch einen Überblick. Jedes dieser Stickings hat eine Art eigenen Charakter und einen besonderen Flow. Schafft euch **Alternativen** zum ersten Paradiddle. Die Einsatzmöglichkeiten der folgenden Stickings und ihrer Orchestrierungen sind riesig. Das betrifft sowohl den **Bereich Fillins**, wie auch den **Bereich Beats**.

1. RLRLRR LRLRLL
2. RLRLLR LRLRRL
3. RLRRLR LRLLRL
4. RLLRLR LRRLRL
5. RRLRLR LLRLRL
6. RLRLRL LRLRLR

**Orchestrierung**
Hier gehen wir die gleichen Schritte wie bei den binären Paradiddles und bearbeiten die Stickings in den **drei Perspektiven**. Die Akzente fallen nun weg.

**5/1**

1. Perspektive am Set: **Right Hand Lead**

R = rechte Hand Cymbal + BDr. / L = linke Hand Snare

1.

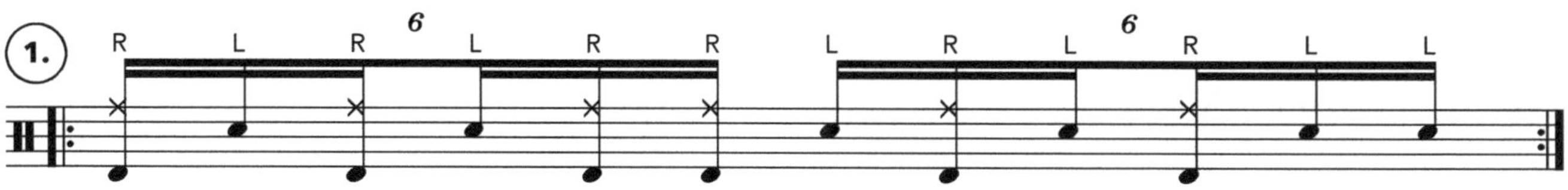


2.

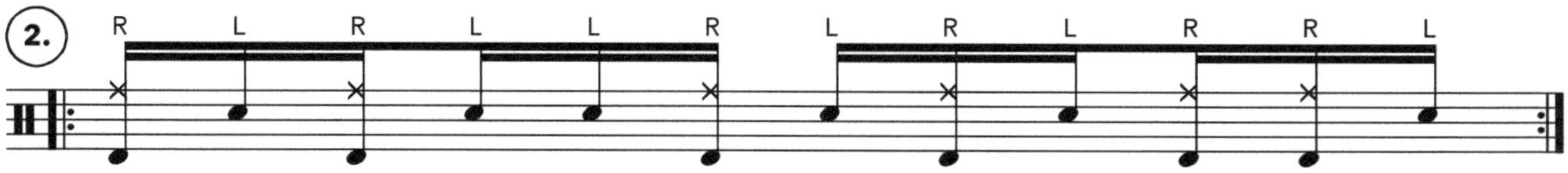


3.

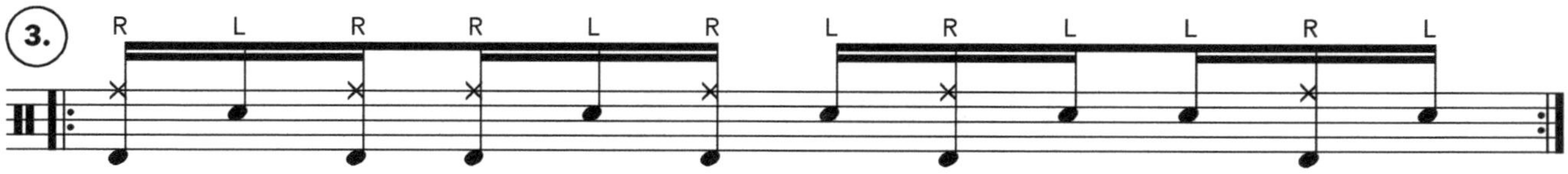


4.

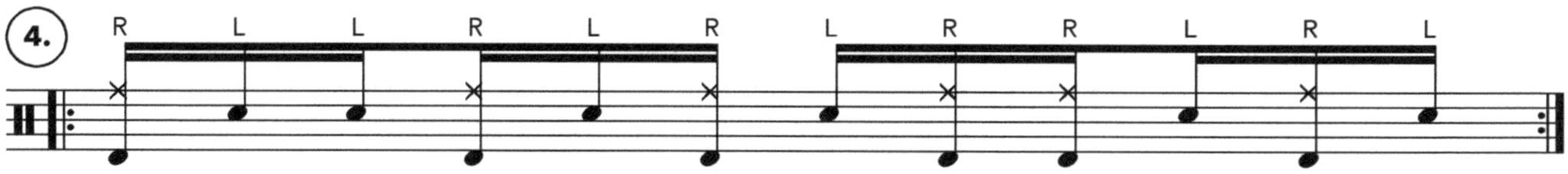


5.

6.

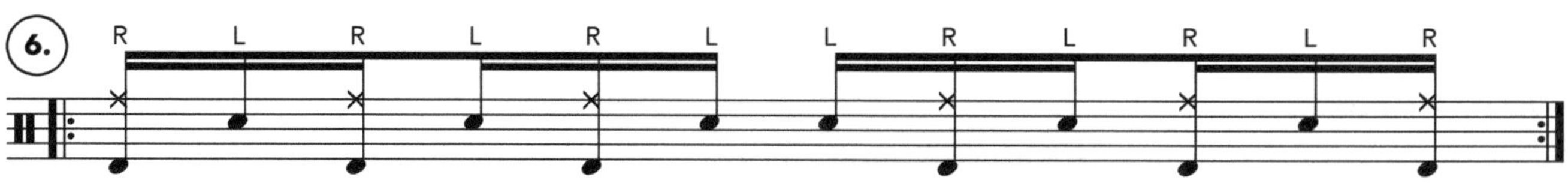

**5/2**

2. Perspektive am Set: **BDr. gegen Hände**

R = BDr. / L = rechte Hand (Cymbal) + linke Hand (Snare) gleichzeitig

1.

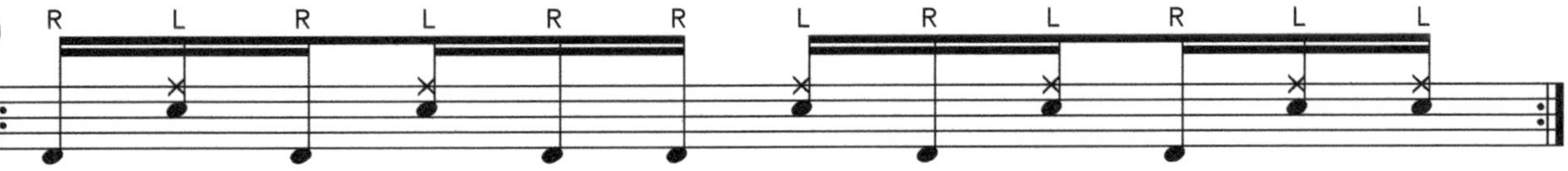


2.

3.

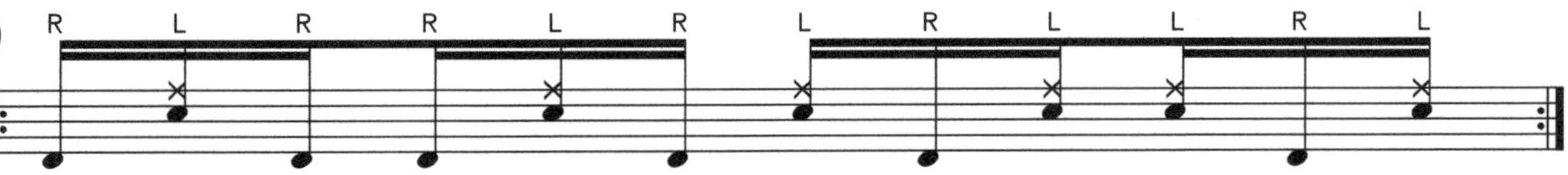


4.

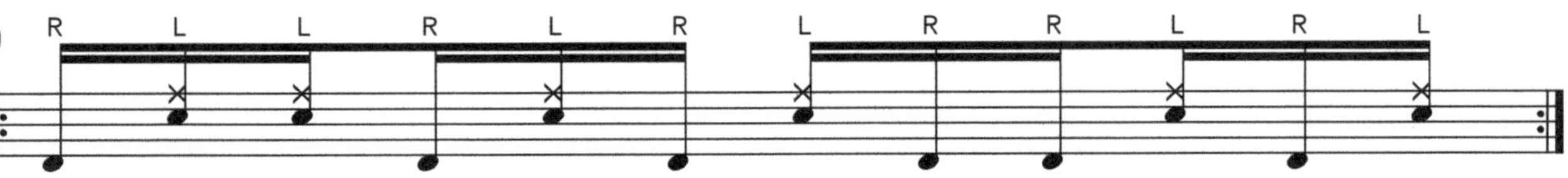


5.

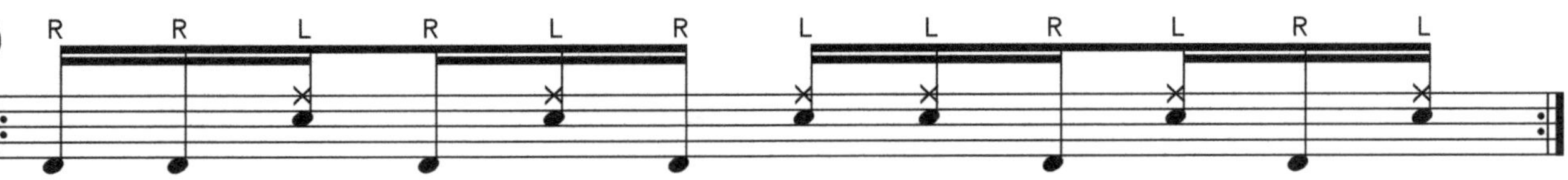


6.

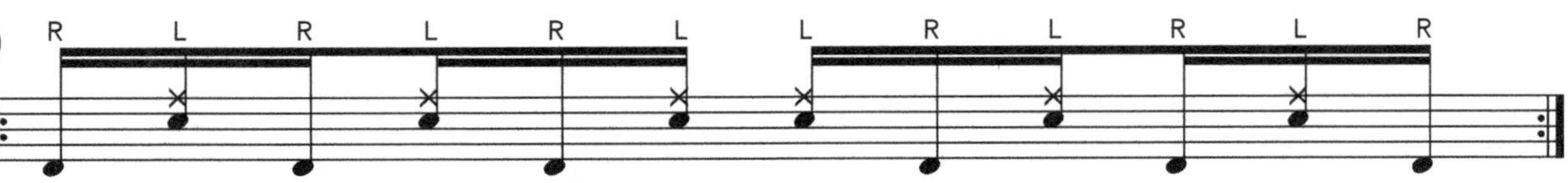

**5/3**

3. Perspektive am Set: **Cymbal Ostinat + BDr. gegen linke Hand**

R = BDr. / L = linke Hand Snare - dazu 8-tel Cymbal Ostinat

1.
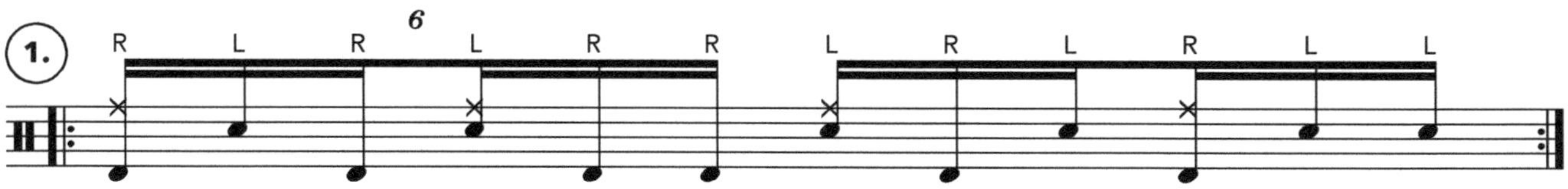


2.
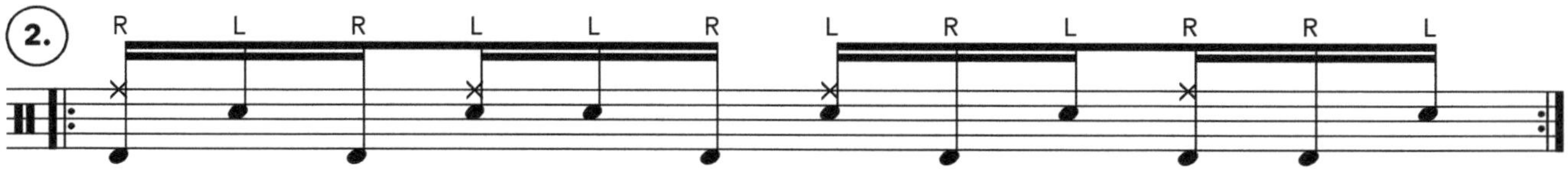


3.
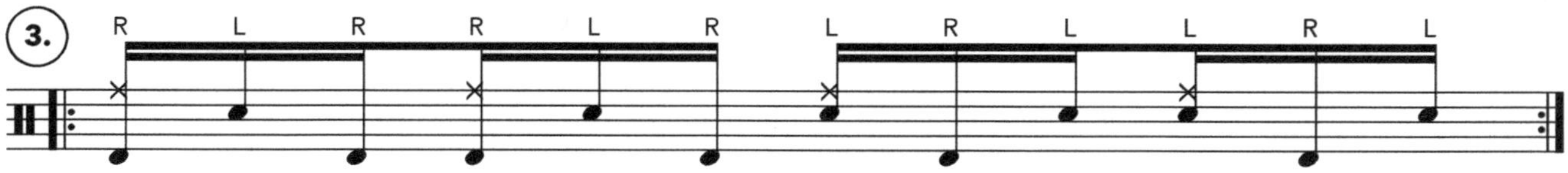


4.
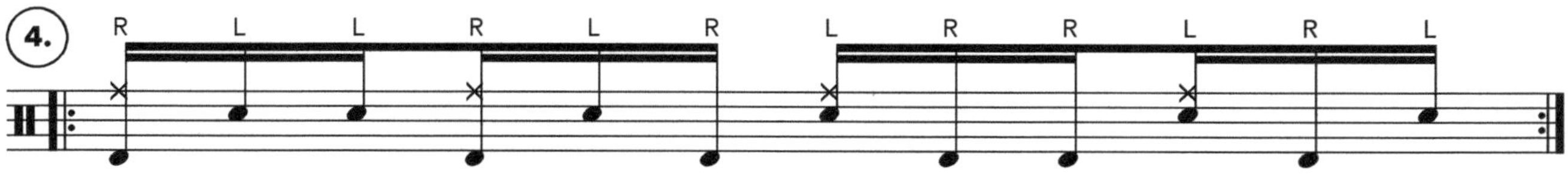


5.
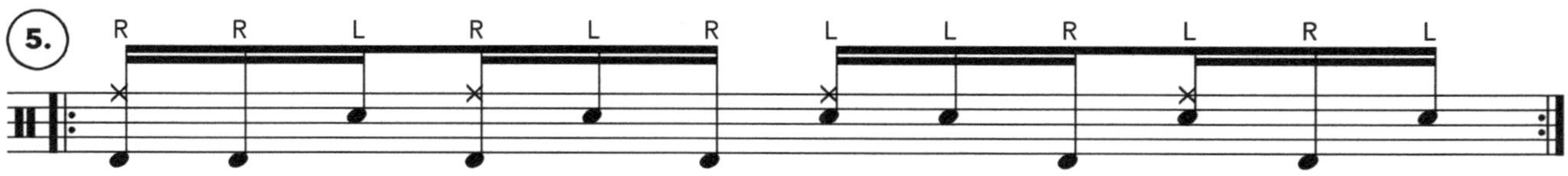


6.
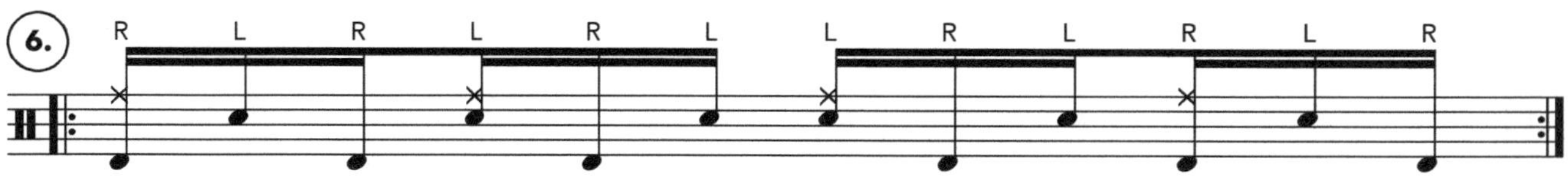

# 6 / 4er Paradiddles in 8-tel Triolen,

## in drei Perspektiven

Spielt man einen 4er Paradiddle in 8-tel Triolen, dann ergibt sich ein **Cross Rhythmus** und es braucht 2 Takte, bis man wieder mit dem ersten Schlag des Paradiddles auf der Zählzeit 1 landet. Diesem Cross Rhythmus muss man erst mal Stand halten, ohne das Sticking zu verlieren.
Dabei können Betonungen (mit einem Kreis markiert) zu Beginn einer Vierergruppe eine wichtige Orientierung sein.
Mit den Paradiddeln auf triolischer Basis eröffnet sich eine zusätzliche rhythmische Ebene

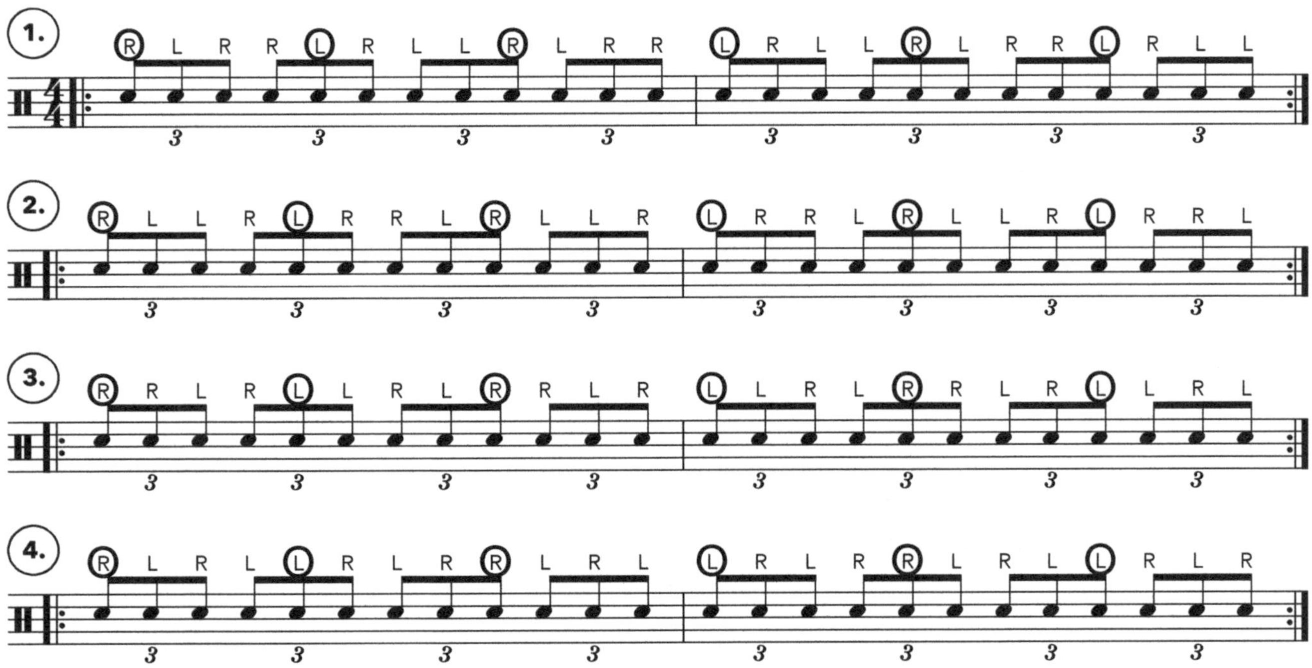


Die drei Perspektiven repräsentieren die verschiedenen Möglichkeiten, die Paradiddles am Set zu orchestrieren. Jede Orchestrierung ist ein potenzieller Fillin, ein eigenständiger Beat oder eine Variation dessen. In diesem Fall natürlich immer als Cross Rhythmus.
Im **Progressive Rock** ist das ein beliebtes Stilmittel. Der englische Drummer **Gavin Harrison**, der u.a. mit „Porcupine Tree" und „King Crimson" wichtige Alben eingespielt hat, nutzt diese rhythmischen Kniffe auf eine sehr elegante Art. Ebenso Mike Mangini, der bei „Dream Theater" spielt. Oft sind es auskomponierte Parts, die von den Drums gedoppelt werden.

6/1

1. Perspektive am Set: **Right Hand Lead**

R = rechte Hand Cymbal + BDr. / L = linke Hand Snare

1.

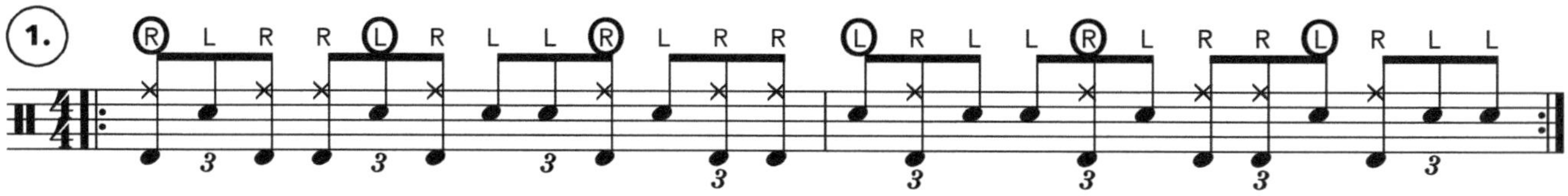


2.

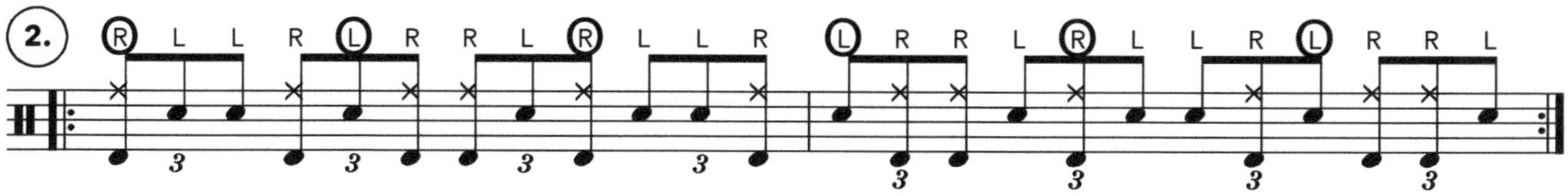


3.

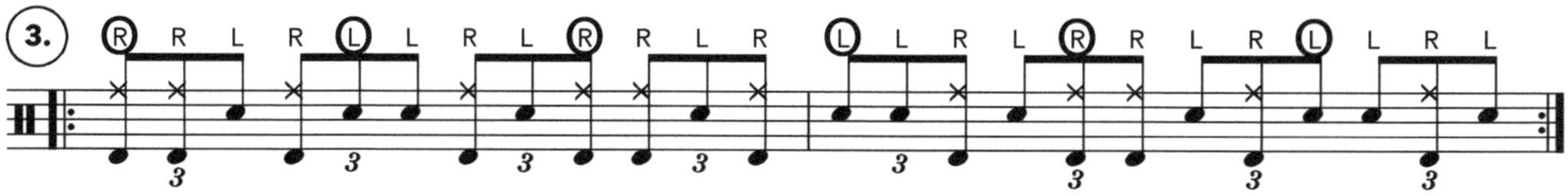


4.

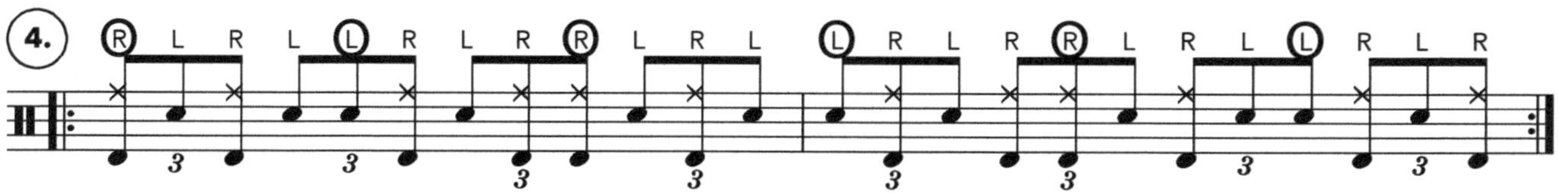

6/2

2. Perspektive am Set: **BDr. Fuß gegen Hände**

R = BDr / L = rechte Hand (Cymbal) + linke Hand (Snare) gleichzeitig

1.

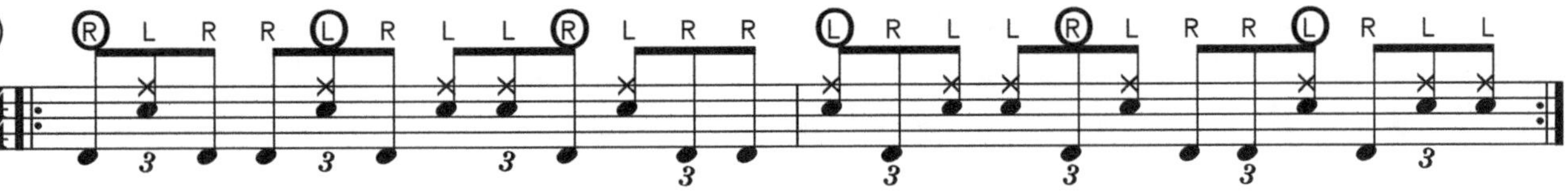


2.

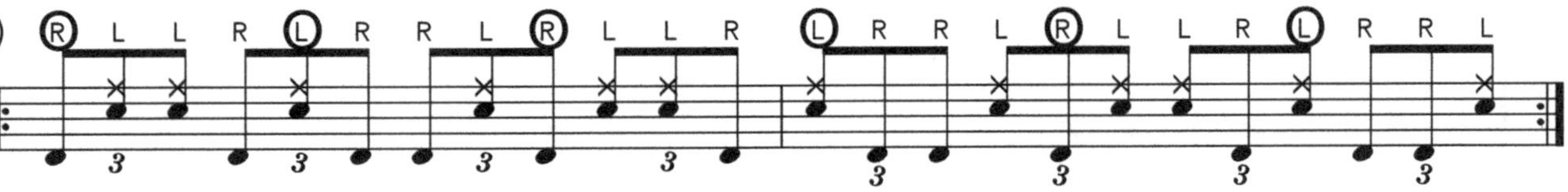


3.

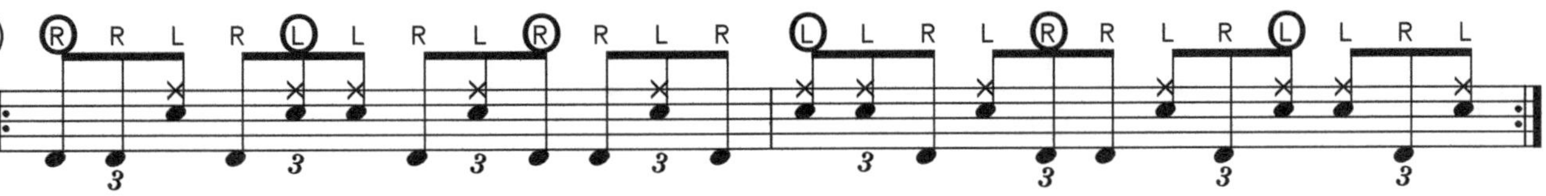


4.

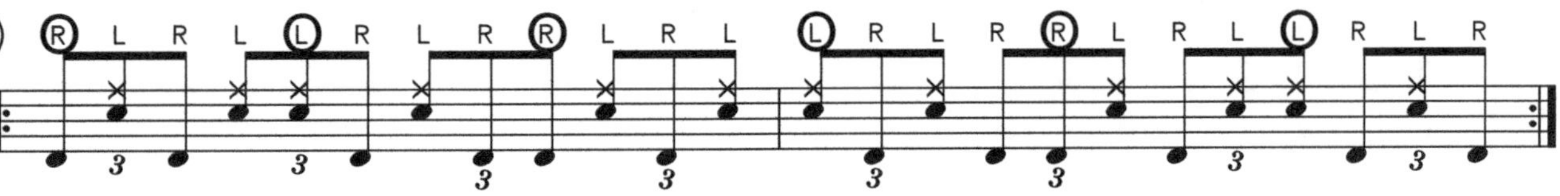

6/3

3. Perspektive am Set: **Cymbal Ostinat + BDr. gegen linke Hand**

R = BDr. / L = linke Hand Snare - dazu Cymbal Ostinat

1.

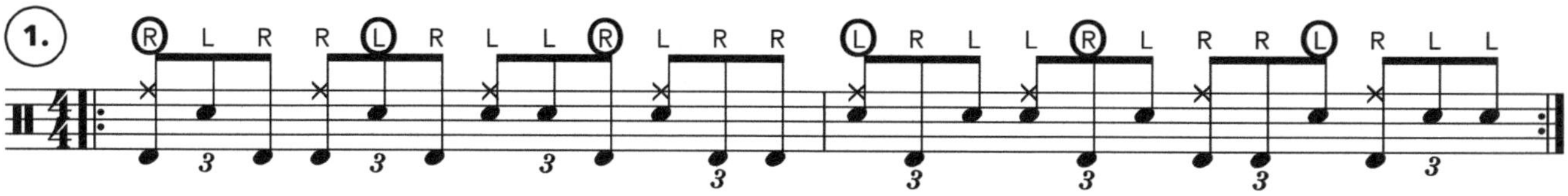


2.

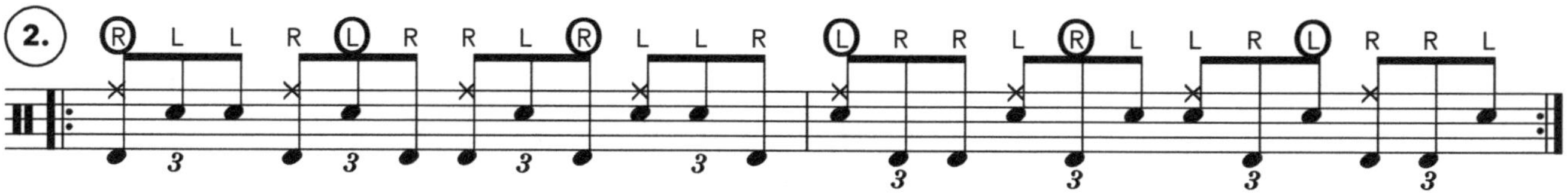


3.

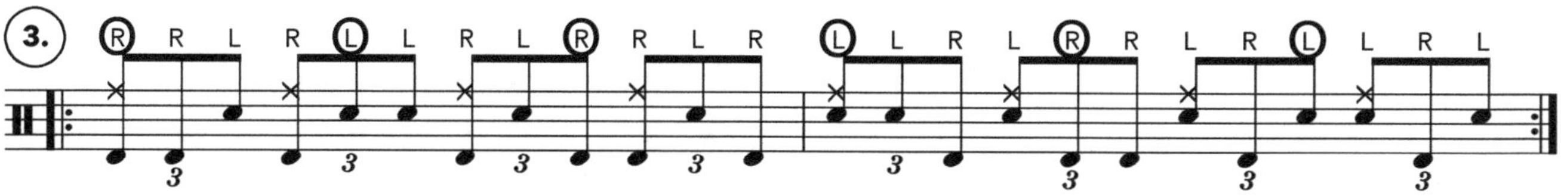


4.

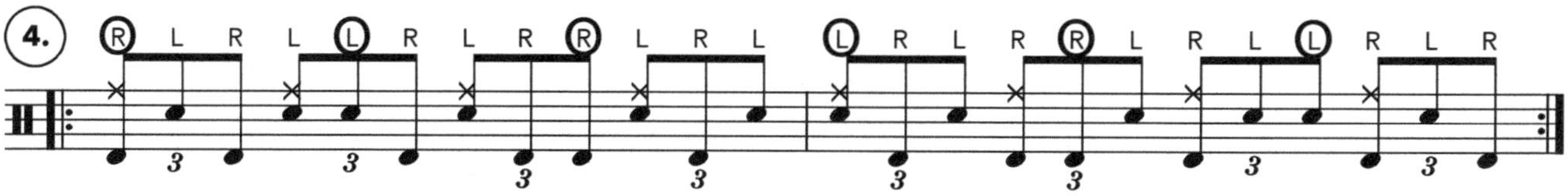

# MASTER WORKOUT 3-1

## 3er Cross Rhythmus Snare + B.Dr

a)

+

b) + Leseübung 3+4

z.B.

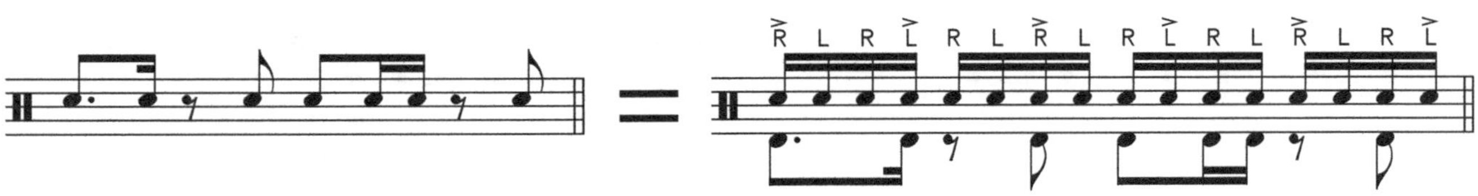

# MASTER WORKOUT 3-II

## 3er Cross Rhythmus B.Dr. + Snare

a)

+

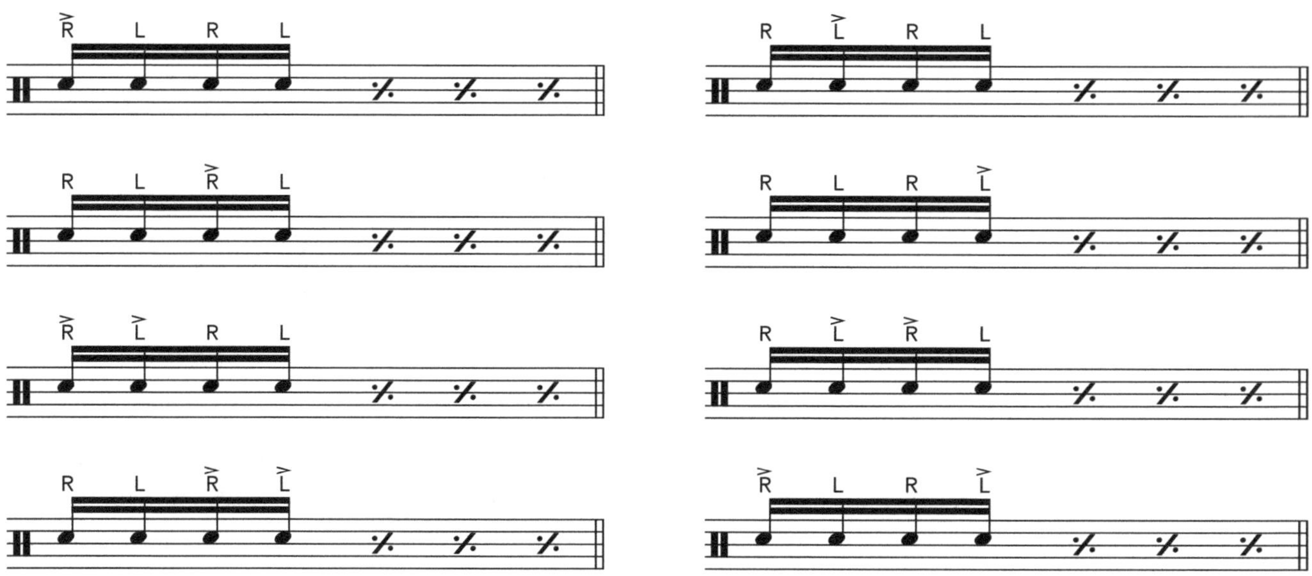

b) + Leseübung 3+4

z.B.

# 7 / 4er Paradiddles - Beat Displacement

## in drei Perspektiven

Video 32

Das Verschieben eines Patterns **suggeriert das Verschieben des Pulses**. Das ist natürlich nicht der Fall, denn wir beziehen uns ja weiterhin auf den Ausgangspuls.
Aber als Zuhörer*in kann man sich dem neuen Schwerpunkt kaum entziehen. Erst wenn die Verschiebung stoppt und sich das Pattern wieder auf dem Ausgangspuls bezieht, nimmt man wahr, dass man auf die **falsche Fährte** gelockt wurde. Weltklassedrummer wie **Dave Weckl** oder **Jeff "Tain" Watts** beherrschen diese Kunst meisterlich.

Eine wichtige Voraussetzung für die Arbeit mit diesem Kapitel ist der Workout Nr. 2 „Paradiddle Displacement" aus dem master level. Dort habt ihr gelernt, das Sticking eines Paradiddles von einer 16-tel Position zur nächsten zu verschieben.
Jetzt kommt es zur **Anwendung am Drumset**. Bei den Verschiebungen beschränken wir uns auf die ersten vier Positionen. Alle Notenbeispiele beziehen sich auf den ersten Paradiddle (RLRR LRLL).
Auch hier arbeiten wir in den **drei Perspektiven**.

**7/1**

1. Perspektive am Set: **Right Hand Lead**

R = rechte Hand Cymbal + BDr. / L = linke Hand Snare

**7/2**

2. Perspektive am Set: **BDr. gegen Hände**

R = BDr / L = rechte Hand (Cymbal) + linke Hand (Snare) gleichzeitig

**7/3**

3. Perspektive am Set: **Cymbal Ostinat + BDr. gegen linke Hand**

R = BDr. / L = linke Hand Snare - dazu Cymbal Ostinat

# 8 / Cross Rhythmen
## 4er Paradiddle und 6er Doppelparadiddle

Video 33

In diesem Kapitel kombinieren wir 4er und 6er Paradiddles…

**a) auf der Basis von 16-teln**
**b) auf der Basis von 16-tel Triolen**

Egal, welche rhythmische Basis wir wählen. Sobald wir 4er- und 6er Paradiddles kombinieren, erzeugen wir einen Cross Rhythmus.
In 16-teln erzeugt die 6er Gruppe des Doppelparadiddles den Cross Rhthymus.
In 16-tel Triolen erzeugt die 4er Gruppe des Paradiddles den Cross Rhythmus.

**4er Paradiddle** = **>R L R R** oder **>L R L L**

**6er Paradiddle** = **>R L (>)R L R R** oder **>L R (>)L R L L**

Der eingeklammerte Akzent beim 6er Paradiddle ist als Option zu verstehen. Wenn ihr ein Pattern über mehrere Takte verschiebt, dann kann der zweite Akzent eine Orientierungshilfe sein. Also: Kann man spielen, muss man aber nicht.

**4 + 6 = >R L R R + >L R (>)L R L L**

Die Kombination 4 + 6 ergibt 10 Schläge. Es geht darum, diese Kombination über möglichst viele Takte zu spielen und dabei die rhythmische Verschiebung zu beherrschen.
Es dauert übrigens 10 Takte lang, bis ihr wieder mit dem ersten Schlag der 4er Gruppe auf der „1" im Takt landet.

**Das 1. Ziel**: Den Viertel **Puls** spüren.
Den kann man fühlen, mit dem Fuß schlagen oder zählen.

**Das 2. Ziel**: Den Puls- und die **Taktlänge** spüren.

Bei diesen Übungen ist ein Click mit einem deutlichen Signal auf der „1" jedes Taktes unbedingt notwendig.

**8/1**

**Rhythmisch Basis 16-tel**

**4 + 6 = R L R R + L R L R L L**... über zwei Takte.

In diesem Beispiel spielt die rechte Hand immer die 4er Gruppe und die linke Hand die 6er Gruppe.

**4 + 4 + 6 = R L R R + L R L L + R L R L R R**... über zwei Takte.

Hier spielen wir drei Gruppen. Wenn wir also die Gruppen wiederholen, dann wechseln auch die Hände.

**Versucht jetzt die zwei Taktmarke zu knacken und über vier- oder acht- oder mehr Takte zu verschieben.**

**8/2**

**Rhythmisch Basis 16-tel Triolen**

## 4 + 6 über einen Takt:

## 4 + 6 über zwei Takte:

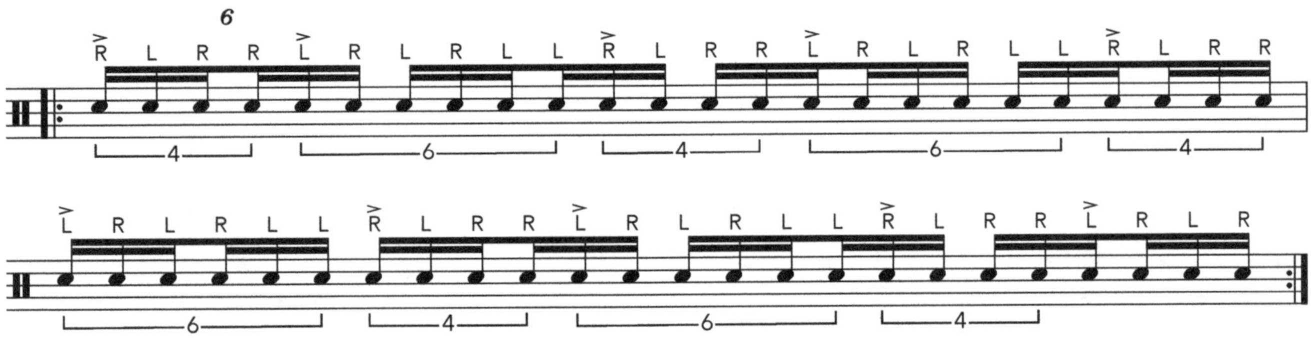


## 4 + 4 + 6 über zwei Takte:

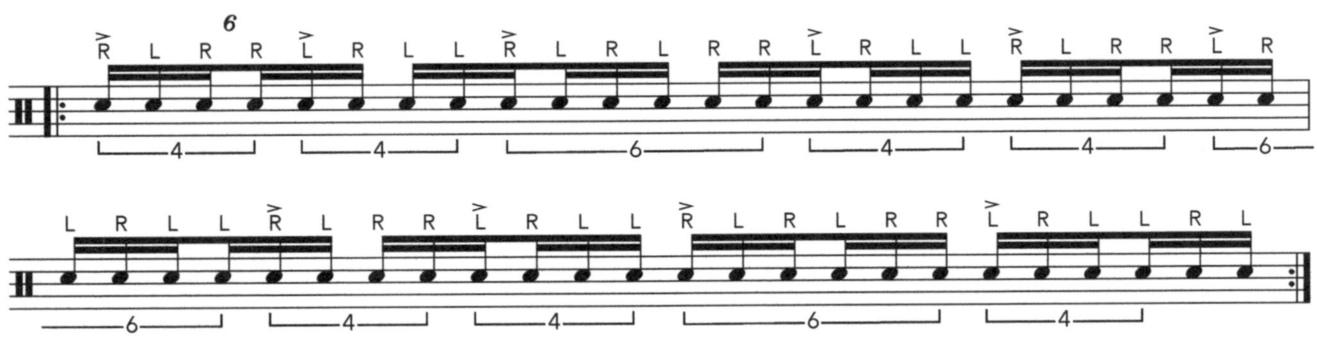


Für beide Varianten (16-tel oder 16-tel Triolen) gibt es natürlich **zahllose Kombinationsketten**. Umso länger die Kette, desto schwieriger der Cross Rhythmus.
Hier ein paar Beispiele:

**64 644 6444 664 6644 66444 6664**
**66644 666444**

**46 466 4666 446 4466 44666 4446 44466**
**444666**

# MASTER WORKOUT 4

a)

b)

c)

d)

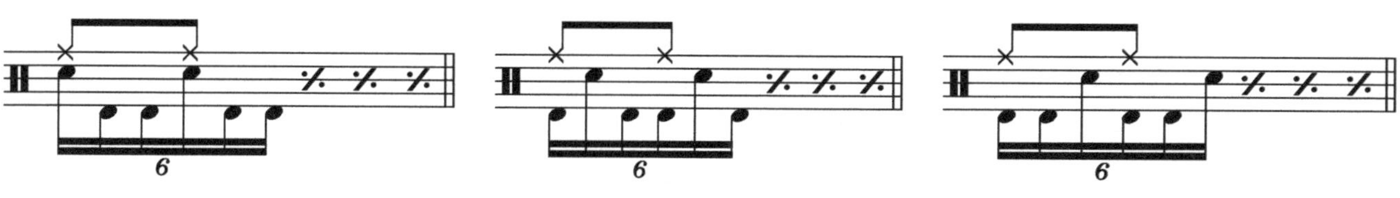

# 9 / Balance: 3-Way Coordination - Level III

**Die folgenden Übungen fordern eure Koordination in höchstem Maß.**
**Es wird vermutlich eine Weile dauern, bis ihr eine gute Balance und einen stabilen Flow hergestellt habt.**
**Hier ist eine hohe Unabhängigkeit der übrigen Instrumente zum Puls gefordert.**

Der HH Fuß ist das am schwächsten entkoppelte Gliedmaß. Meist nutzen wir den HH-Fuß als Timekeeper. Aber irgendwann geben wir uns damit nicht mehr zufrieden.
Bei den folgenden Übungen wird der HH-Fuß vollkommen „gleichberechtigt" in die Übungen mit einbezogen. Das ist für die meisten von uns vollkommen ungewohnt. Es kann also eine Weile dauern, bis ihr einen Zugang zu den Übungen findet.

## 9/1

Die rechte Hand spielt den **4-tel Puls** auf dem Ride Cymbal. Die übrigen drei Gliedmaßen spielen 8-tel Triolen in der Reihenfolge: **Snare - HH - BDr**.
Nach zwei Takten spielt die Snare einmal zwei 8-tel Triolen hintereinander. Dadurch verschiebt sich die folgende Verteilung um eine 8-tel Triole. Jetzt sitzt die BDr auf dem Puls. Die Reihenfolge lautet dann: **BDr. - Snare - HH**.
Wieder nach zwei Takten spielt die BDr zwei Schläge hintereinander. Und wieder verschiebt sich die Reihenfolge. Jetzt sitzt die HH auf dem Puls (**HH - BDr - Snare**).

Mit einem Doppelschlag des HH-Fuß kommen wir nach 3 x 2 Takten wieder an den Ausgangspunkt (nicht notiert).

Jetzt spielt der **HH-Fuß den 4-tel Puls**. BDr - Snare - Cymbal bilden die Triole. Durch einen Doppelschlag alle zwei Takte führt jedes der Instrumente den Puls.

**Die BDr spielt den Puls**. HH - Cymbal - Snare bilden die Triole.

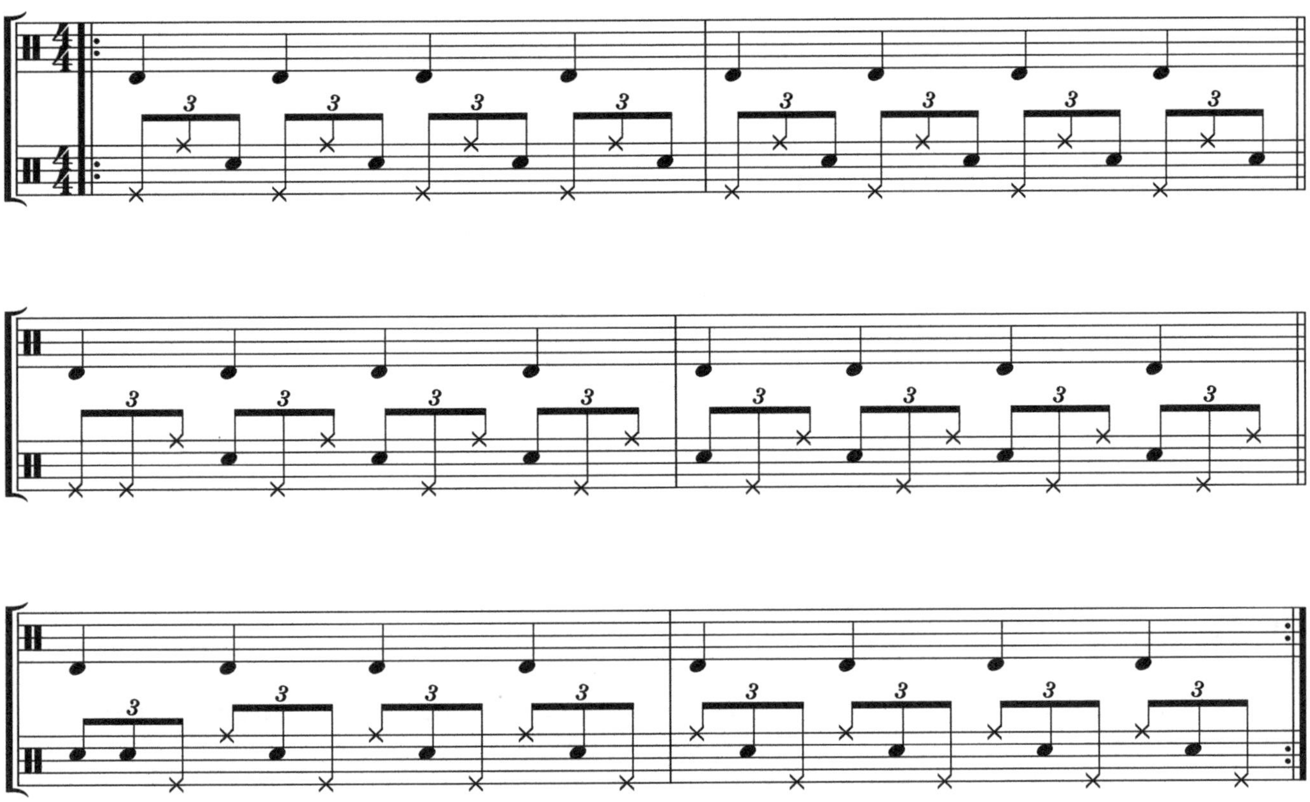

**Die Snare spielt den Puls** (mit Abstand am schwersten). Cymbal - BDr - HH bilden die Triole.

**9/2**

Auch hier spielt die rechte Hand zunächst den 4-tel Puls, während BDr - Snare - HH die 8-tel Triole bilden.
Nach einem Takt **wechseln wir die Rhythmik** der Dreiergruppe von 8-tel Triolen zu 16-teln.

Durch die **rhythmische Verschiebung** sitzt immer nach dem 16-tel Takt ein neues Instrument der Dreiergruppe auf dem 4-tel Puls der 8-tel Triolen:
Erst die Snare, zwei Takte später der HH-Fuß und zwei Takte später die BDr. Dann beginnt es wieder mit der Snare.
Yep, das ist harter Stoff!

Jetzt spielt der **HH-Fuß den Puls**. BDr - Snare - Cymbal bilden die Dreiergruppe.

**Die BDr spielt den Puls**. HH - Cymbal - Snare bilden die Dreiergruppe.

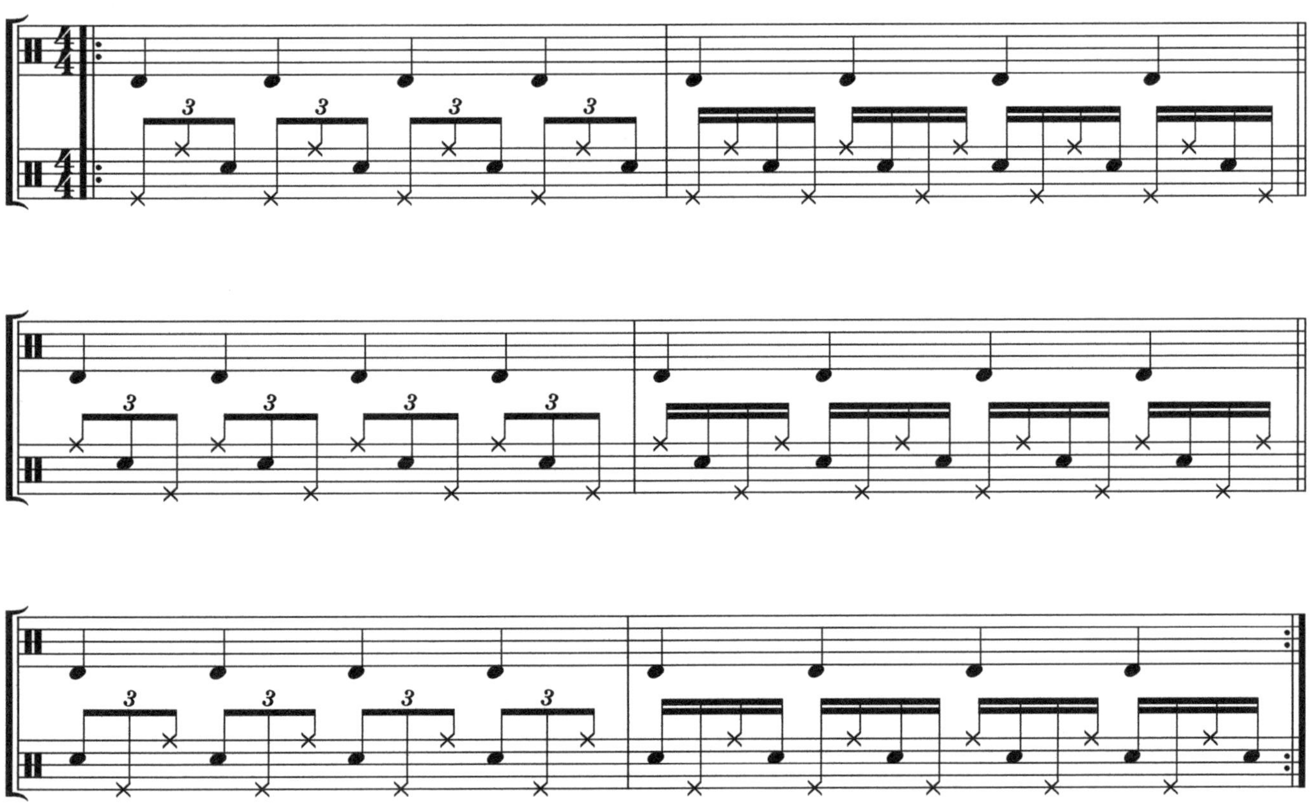

**Die Snare spielt den Puls** (ebenfalls mit Abstand am schwersten). Cymbal - BDr - HH bilden die Dreiergruppe.

# 10 / Ghostnote Beats binär und ternär - Level II

Video 35

Erinnert euch an die Kapitel 3 + 4 im *advanced level*. Es geht dort um binäre- und ternäre Ghostnote Beats. Jeweils 36 BDr / Snare Patterns, die ihr zu drei verschiedenen Cymbal / HH (Fuß) Ostinati spielt.
Für die Ghostnote-Freaks unter euch haben wir hier noch **ein besonderes Übesystem**, das ein extrem hohes Maß an Unabhängigkeit erfordert.
Nach wie vor sind die 36 Ghostnote Pattern die Grundlage der Übungen. Aber jetzt bekommt ihr einige Cymbal / HH-Fuß Figuren, die weit über das konventionelle Beatmuster hinaus gehen.
Das Besondere an diesen Figuren ist, dass der **HH-Fuß** nicht mehr die übliche Timekeeper Funktion hat. Bei diesen Figuren ergänzt er die rechte Hand und verläßt die üblichen Positionen (Puls oder Und-Zählzeiten).
Zusammen mit den Ghostnote Patterns ergibt das einen absolut **unikaten Sound** und wirklich **außergewöhnliche Beats**.

**10/1**

**Ghostnote Pattern binär**

Hier die Cymbal / HH-Fuß Figuren:

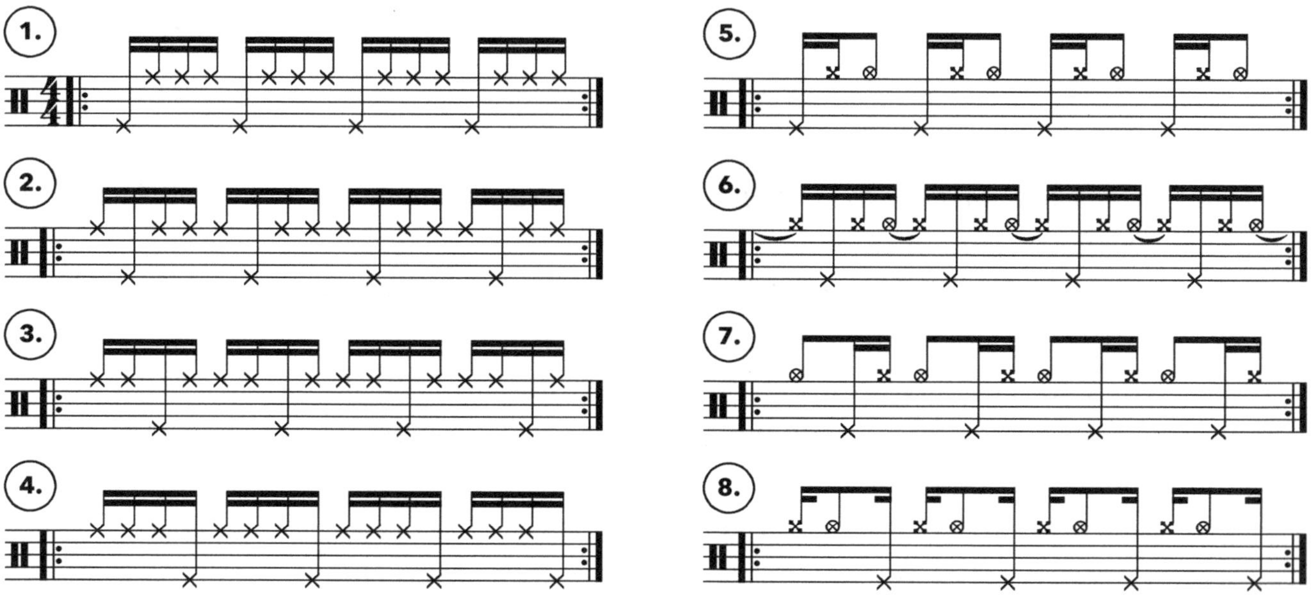


Es macht keinen Sinn, diese Figuren gleich mit den 36 Ghostnote Patterns zu kombinieren. Darum haben wir hier einige einfache BDr / Snare Figuren notiert. Mit diesen Pattern bekommt ihr eine guten Einstieg in dieses Thema und könnt euch langsam an die Ghostnote Patterns herantasten.

**10/2**

**Ghostnote Pattern ternär**

Hier die Cymbal / HH-Fuß Figuren:

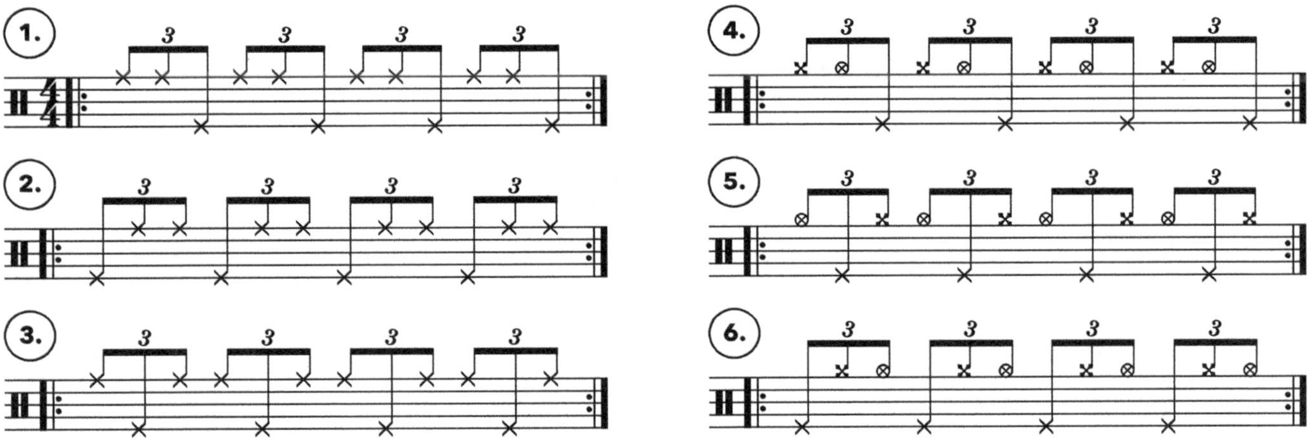

Auch hier einige einfache BDr / Snare Figuren zum Eingewöhnen:

# MASTER WORKOUT 5

Nutzt das HH-Fuß Ostinat bei den Übungen, bei denen die HH nicht Teil der 3er-, 5er oder 7er Bewegung ist.

## I 3er Gruppen

a.) 

b.) 

c.) 

d.) 

e.) 

f.) 

g.) 

## II 5er Gruppen

a.) 

b.) 

c.) 

d.) 

e.) 

f.) 

## III 7er Gruppen

a.) 

b.) 

c.) 

d.) 

e.) 

f.) 

# 11 / Rhythm. Verschiebungen in 8-teln, 16-teln & 8-Triolen - Level II

Video 36

**11/1**

Wir nutzen **rhythmische Verschiebungen** kleiner Motive oft in Improvisationen und Soli. Diese Verschiebungen machen die Musik spannender, **fantasievoller und kreativer**. Aber man kann auch schnell den Überblick für das **Zeitgefühl** und das **Taktmaß** verlieren. Oft entscheiden wir uns dann für Vorsicht und Sicherheit und **improvisieren ohne Risiko**.

Aus diesem Grund ist das Üben von rhythmischen Verschiebungen (Shiftings) ein guter Weg, um zu lernen, sich **beim Spielen freier zu fühlen**.
In diesem Kapitel führen wir fort, womit wir im *advanced level* / Kapitel 18 begonnen haben.

In der ersten Übung spielen wir immer im Takt 1 das Ausgangsmotiv und verschieben es dann im Takt 3 um eine Achtelnote nach hinten, dann um eine weitere Achtelnote usw. Im Gegensatz zu Kapitel 18 sind der 2. und der 4. Takt jetzt keine Wiederholungen der Pattern. Es gilt also: Kann man wiederholen, muss man nicht. Probiert aus, was euch besser liegt.

Zu Beginn macht es Sinn, den Raum zwischen den Motiven mit einem **einfachen Beat** zu füllen. Später könnt ihr euch immer mehr davon lösen und in diesem Raum solieren.
Das **Videobeispiel** zu diesem Kapitel wird euch sicher **inspirieren**.

Mit diesen Übungen trainiert ihr eure **musikalische und rhythmische Kreativität**.
Ihr lernt, **Motive spontan** zu **verschieben** und könnt abwechslungsreich spielen, ohne dabei durcheinander zu geraten. Die Hauptsache ist, dass ihr die Verschiebungen nicht nur auf dem Papier seht, sondern dass ihr lernt, sie auch auf das **Gehör** und das **Gefühl** zu übertragen.

Wir verschieben das Motiv um ein 8-tel nach hinten.

Wir verschieben das Motiv um ein 8-tel nach vorne.

Ein anderes Motiv um eine 8-tel nach hinten.

Das gleiche Motiv um eine 8-tel nach vorne

Im Folgenden seht ihr **acht Motive**, die ihr nach eigener Wahl **orchestrieren** könnt. In der Notation steht jetzt nur noch die erste 8-tel Verschiebung nach hinten. Alle weiteren Schritte müsst ihr selber vollziehen. Entscheidet selbst, wie ihr das Motiv orchestrieren wollt.

1.

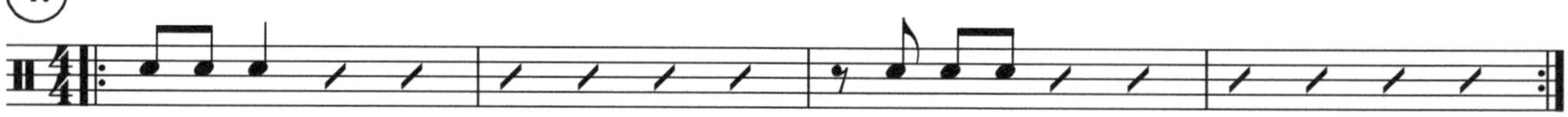

2.

3.

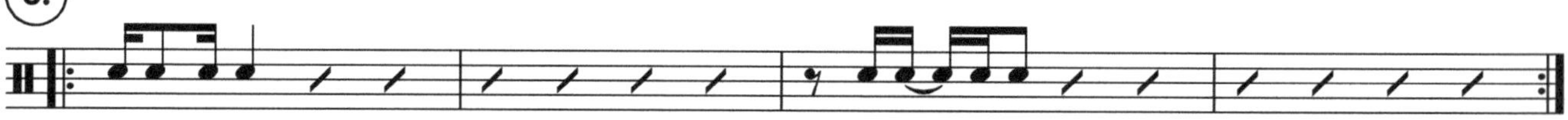

4.

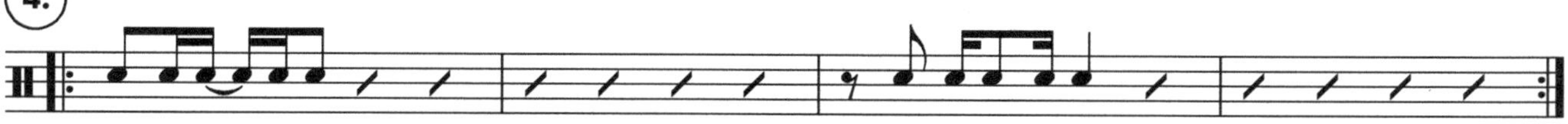

5.

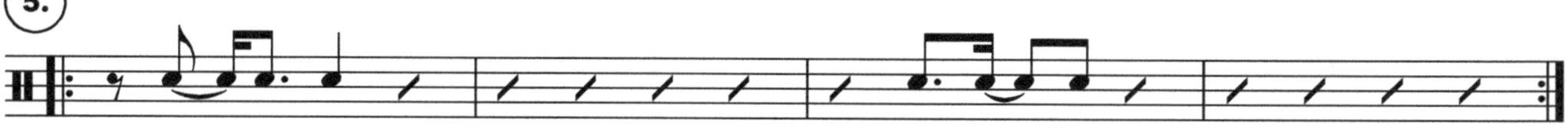

6.

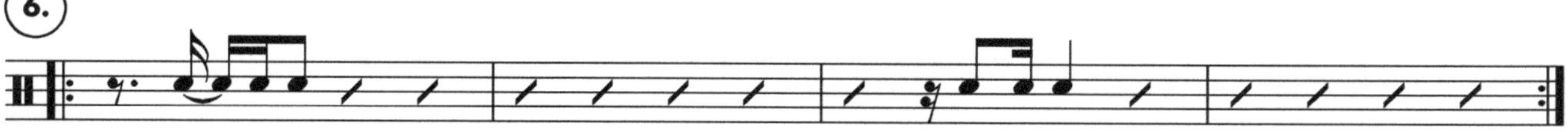

7.

8.

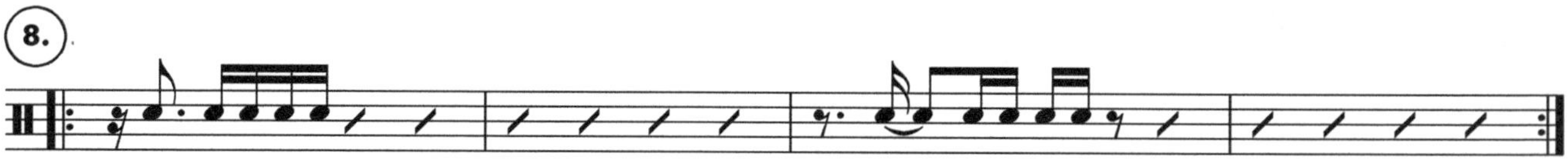

**11/2**

**16-tel Verschiebungen**:
Das Prinzip ist das gleiche wie bei den 8-tel Verschiebungen, allerdings sind die Verschiebungen jetzt kleiner und dadurch auch schwieriger.

Ein Tipp: Bevor ihr euch an die Trommeln setzt... Schnippt mit der Hand einen Viertelpuls. Schaut euch Beispiel 1 an und versucht zu lernen, selbst mehrere Shiftings zu **hören, vorzustellen und auszuführen**. Ihr könnt die komplette **Übung** erst mal **singen**. Das muss noch nicht mal laut sein. Sprich, ihr könnt diese Übungen auch während einer Zugfahrt machen.

Wenn es dann an das Drumset geht, spielt es keine Rolle, auf welcher Trommel oder Becken ihr die betreffenden Noten spielt, solange ihr sie in der Wiederholung auch so instrumentiert.

Auch hier seht ihr **acht Motive**, die ihr nach eigener Wahl **orchestrieren** könnt. Notiert ist nur die erste 8-tel Verschiebung nach hinten. Entscheidet selbst, wie ihr das Motiv orchestrieren wollt.

1.

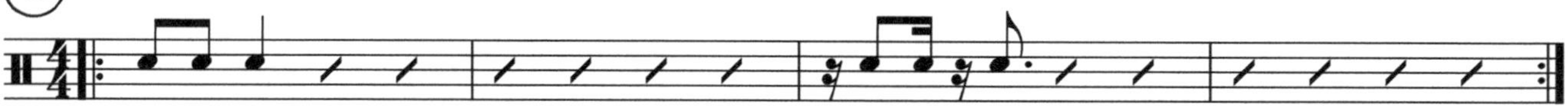

2.

3.

4.

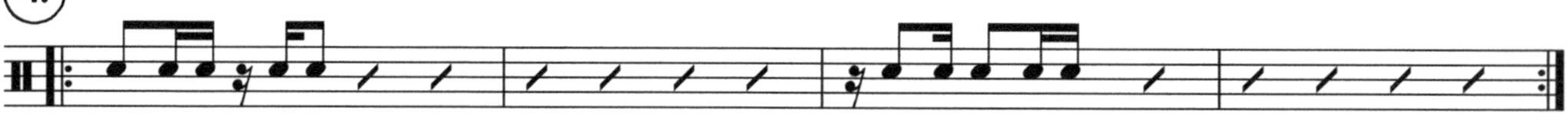

5.

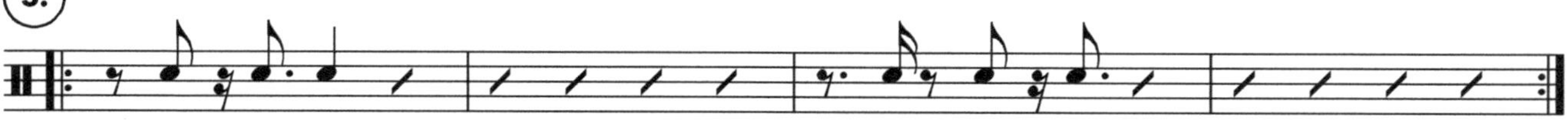

6.

7.

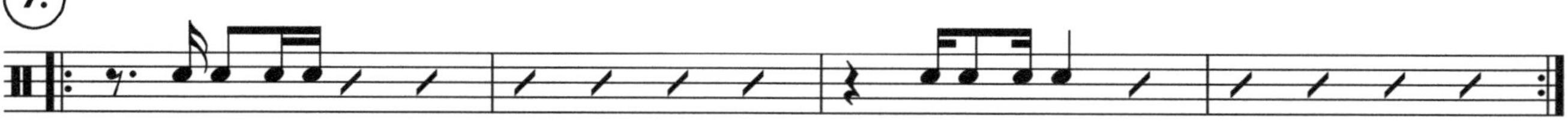

8.

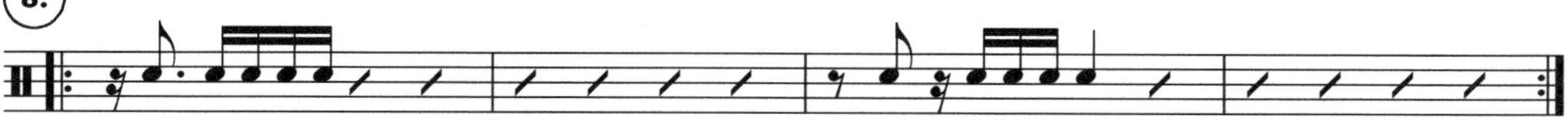

**11/3**

## Verschiebung von 8-tel Triolen Motiven

Die 8-tel Triolen Motive ergänzen das rhythmische Feld um den ternären Bereich.

1.

2.

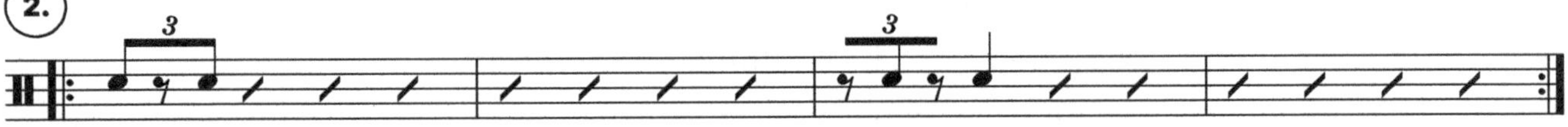

3.

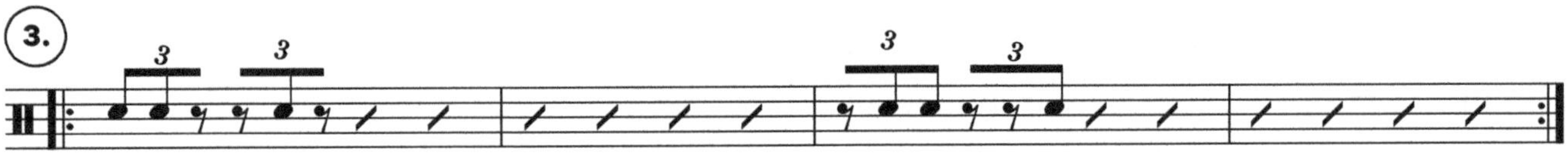

4.

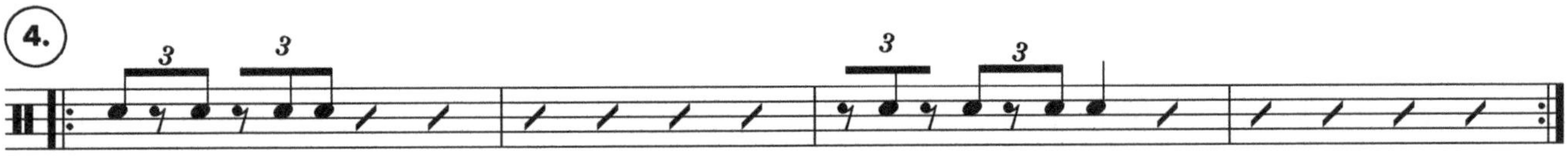

5.

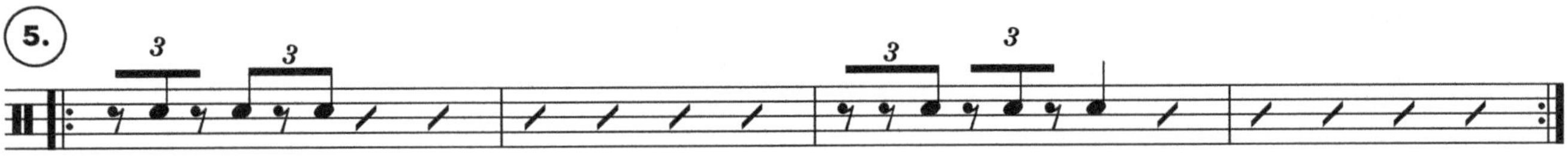

6.

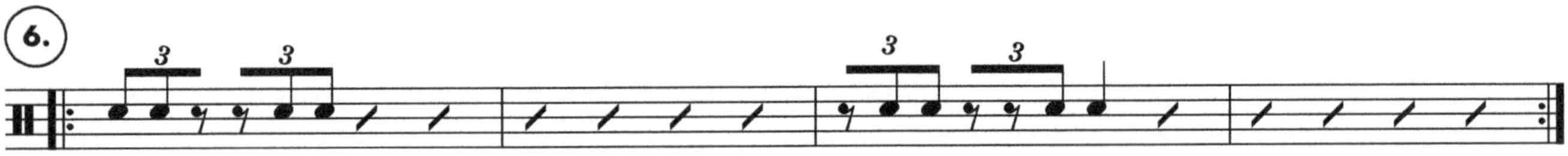

7.

8.

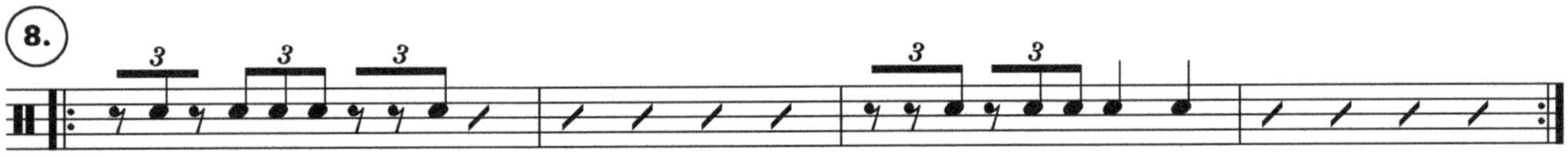

# 12 / Sound, Phrasierung und Projektion

**Wie schon in der Einleitung angekündigt, findet dieses Kapitel hauptsächlich in Videoform statt. Hier der Versuch, die Begriffe Sound, Phrasierung und Projektion in Worte zu fassen.**

***Sound***: Dein Sound ist, wie du klingst. Er ist **deine Unterschrift**.
Ein gut- oder schlecht gestimmtes Schlagzeug bestimmt deinen Sound nur zu einem geringen Teil (schließlich klingen gute Schlagzeuger*innen mit einem schlechten Drumset immer besser als schlechte Schlagzeuger*innen mit einem guten Drumset).
Timing, Dynamikkontrolle, Notenauswahl, Notenlänge, Instrumentierung, Anschlagtechnik und Bewegung bestimmen deinen Klang. Genauso wie die Akustik des Raums, die einen großen Einfluss auf deinen Sound hat.

Das sind eine Menge **komplexer Parameter**. In den meisten Fällen wirst du sie beim Üben, beim Mitspielen von CDs und beim Spielen in Bands automatisch und **intuitiv anwenden**. Die Balance- und Koordinationsübungen aus diesem Buch  können dir helfen, deinen Klang, deine Präzision und dein **Bewusstsein für Klang**, Dynamik und Timing zu finden und zu schärfen.

***Phrasierung***: Es ist nicht leicht, wenn du lernen möchtest, Phrasen zu spielen. Eine interessante Phrase ist eine Aneinanderreihung von Noten, die zusammen eine logische Einheit bilden. Vergleiche es mit einem kurzen Satz. Einige Worte, die Sinn machen und die zusammenpassen.
In Videobeispiel zeigen wir dir, wie sich Noten zu einer logischen Einheit zusammenfügen und somit wie eine Phrase (ein Satz) klingen.
Als Beispiel spielt Rene einen Teil des Themas von „Pick up the Pieces" von The Average White Band.

***Projektion***: Wenn du dir deines Klangs bewusst bist und in der Lage bist, Phrasen und ganze Sätze zu spielen, dann gibt es noch einen weiteren wichtigen Punkt, auf den du achten musst: Projektion. Es geht darum zu lernen, **deine Phrasen** und Sätze zu **"senden"**.

Du sendest deine Noten und deine Musik in den Raum und versuchst, diese Noten deinem Publikum in **perfekter Balance** zu präsentieren. So sorgst du selbst für eine perfekte Mischung aller Drum-Sounds. Du bist dann nicht nur Schlagzeuger, sondern selbstverständlich auch **dein eigener Mixer!** Das mag dir alles etwas vage erscheinen, aber wenn du lernst, dir selbst-, der Band und der Akustik des Raums genau zuzuhören und dich auf die Projektion all dessen zu konzentrieren, dann kannst du deinen Sound und **deine musikalische Ausstrahlung** immer mehr verbessern. Du gewinnst die **Kontrolle** über deinen Sound.

## Leseübung 1

## Leseübung 2

## Leseübung 3

## Leseübung 4

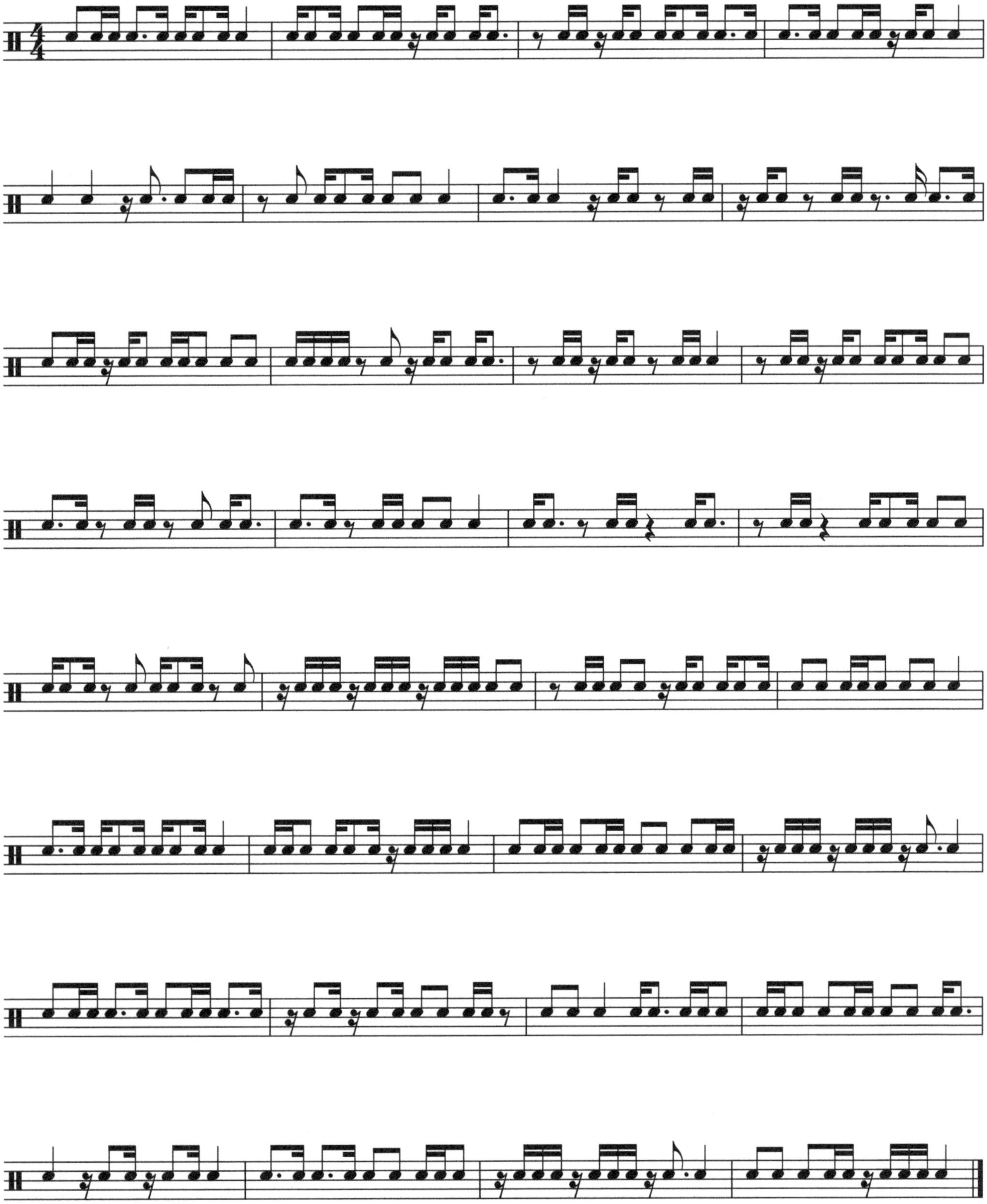

## Leseübung 5

## Leseübung 6

# Leseübung 7

## Leseübung 8

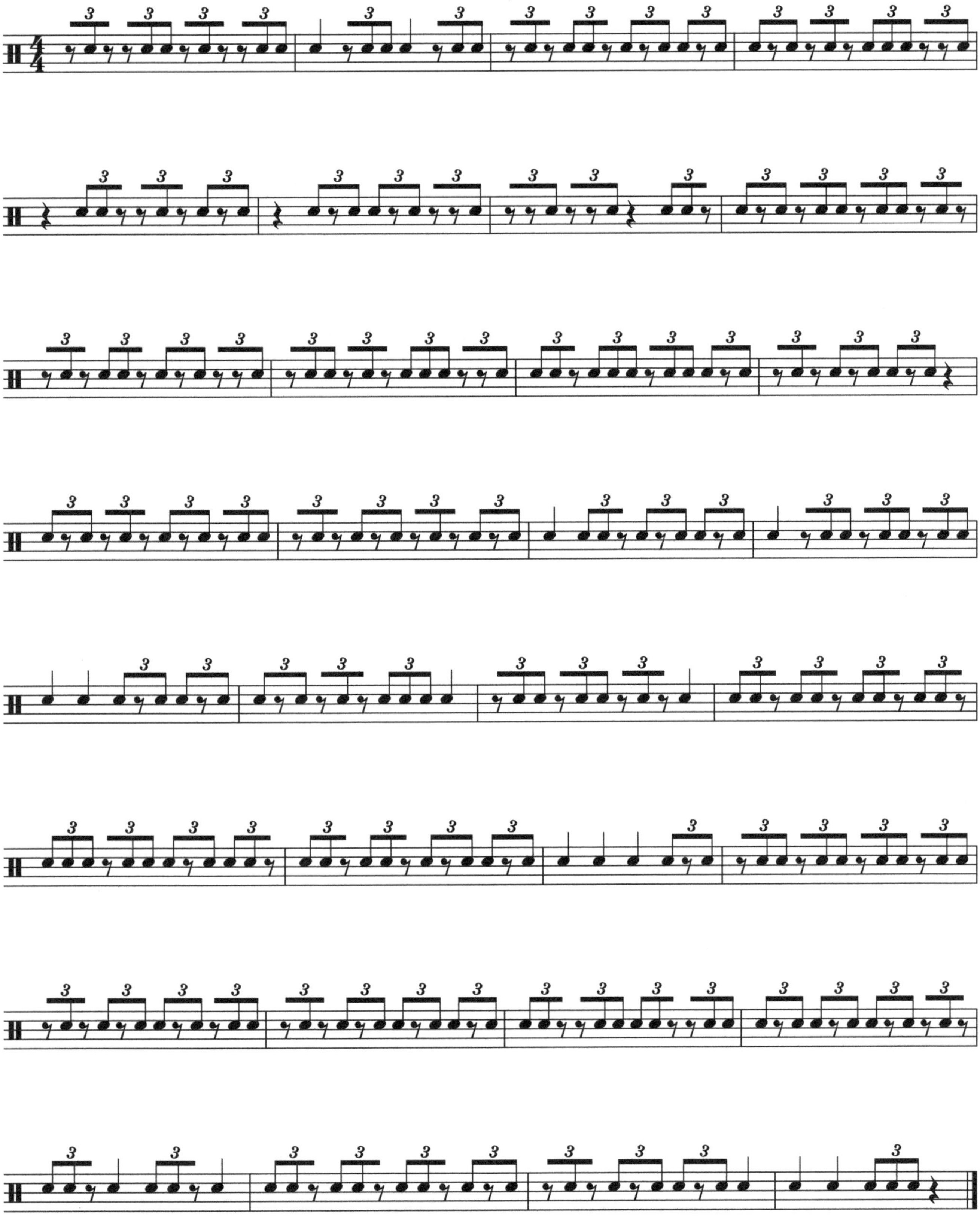

# Danke

**Rene sagt Danke an...**

...Andy für die Zusammenarbeit

...die Menschen, die mich geprägt haben, meine ehemaligen Lehrer Gerard Kempers, Fred Krens, Joop van Erven.

...die Musiker, mit denen ich vielen Jahren in Bands gespielt habe und die mich musikalisch beeinflusst haben und von denen ich viel gelernt habe.

...alle meine ehemaligen und aktuellen Studenten und Kollegen von ArtEZ und der Rock Academy, die dafür gesorgt haben, dass ich immer wieder die neuesten musikalischen Entwicklungen wahrgenommen habe.

...Wim de Vries als Drumbassador-Kollegen, der mich immer wieder dazu drängte, Grenzen zu überschreiten.

...die Unternehmen, die mich konstant unterstützt haben:
Sonor, Paiste, Remo, Beyer Dynamic, Agner, Ahead Armor Cases.

...meine Familie, die immer alles verstanden hat.

**Andy sagt danke an...**

...Frau- und Herrn Leupelt für die unkomplizierte und respektvolle Zusammenarbeit über viele Jahre hinweg.

...Frank Rohe von „Musik & Technik" in Marburg, der immer ein offenes Ohr für meine Ideen und Wünsche hat.

...meine Kollegen und Freunde in der Drumszene für den Austausch, das Interesse und die Ratschläge. Herzlichen Dank an Frank Bonitz, Klaus Behütuns-Steffens, Manni von Bohr, Frank Bruns,, Dirk Carstens, Udo Dahmen, Norbert Gronde, Eric Harings, Timo Ickenroth, Reiner Klein, Gerry Koerver, Manuel Langenfeld, Michael Mertens, Peter Morsch, Christoph Recknagel, Cord Radke, Jan Rohlfing, Domenico Russo und Thomas Zimmermann.

...Maik Hellinger, der gemeinsam mit mir zwei durchaus ungewöhnliche Stock Modelle entwickelt hat, auf die ich sehr stolz bin: Den Rohema Speed Stick und den Rohema Stick Control.

...meine Eltern Ursula und Jürgen Gillmann, die großzügig und interessiert meinen musikalischen Werdegang gefördert und begleitet haben.

...die Studentinnen und Studenten des Drummers Institut in Krefeld und des „IMM" in Düsseldorf sowie die Teilnehmer*innen der Teamwork Kurse, die mich immer wieder zu neuen Konzepten, Interpretationen und Übungen inspirieren.

...Mapex Drums, Zildjian Cymbals, Aquarian Drumheads & Rohema Drumsticks für das 1A Equipment.

...Rene für die Inspiration und die gemeinsame Arbeit an diesem Buch.

**Gemeinsam möchten wir uns bedanken bei...**

...Christoph Fischer, der sich voll reingehangen hat in dieses Projekt und ein tolles Layout für das Buch gestaltet hat.
...Marius Bornfleth, der ohne viel „Tamtam" einen super Job macht und verantwortlich ist für die Aufnahmen in Ton und Bild.
...Frank Höffer für die (wie immer) tolle Gestaltung des Umschlags.

# Index Videobeispiele

## basic level

| Beispiel | Kapitel |
|---|---|
| 1 | 1) Pop-Rock Beats binär |
| 2 | 1) Pop-Rock Beats binär |
| 3 | 2) Beat Comping 8-tel binär |
| 4 | 5) Balance 3-way Koordination - Level I |
| 5 | 6) Fillins binär |
| 6 | 6) Fillins binär |
| 7 | 7) Fillins ternär |
| 8 | 8) Paradiddle Fill-ins & Beats |

## ***advanced*** level

| Beispiel | Kapitel |
|---|---|
| 9 | 1) Beats - Entkopplung der r. Hand |
| 10 | 2) Paradiddle Beats - Level II |
| 11 | 3) Ghostnote Beats - binär Level I |
| 12 | 5) Lineare 16-tel Beats |
| 13 | 6) 16-tel HH Beats & Akzente |
| 14 | 7) Shuffle & Ghostnotes - Level I |
| 15 | 8) Rudiments als Beats |
| 16 | 9) Rudiments am Set in drei Persp. |
| 17 | 10) Balance 3-way Koordination - Level II |
| 18 | 11) Advanced 16-tel Fillins |
| 19 | 12) Advanced 8-tel Triolen Fillins |
| 20 | 13) Fillinkonzept „RLLR" |
| 21 | 14) Fillinkonzept „Di-ge-da-da" |
| 22 | 15) Fillininkonzept „6-stroke Rolls" |
| 23 | 16) Fillinikonzept „3er, 5er & 7er" |
| 24 | 17) Ungerade Metren & Cross Rhythmen |
| 25 | 18) Rhythm. Verschiebung in 8-teln - Level I |

## ***master*** level

| Beispiel | Kapitel |
|---|---|
| 26 | 1) Special Timepyramide: 4-tel bis 32-tel |
| 27 | 2) Mikrotime - Subdivisions |
| 28 | 3) Beats ternär mit Lü 7+8 |
| 29 | 4) Fillins ternär mit Lü 7+8 |
| 30 | 5) Doppelparadiddle in 16-tel Triolen |
| 31 | 6) 4er Paradiddles in 8-tel Triolen |
| 32 | 7) 4er Paradiddles - Beat Displacement |
| 33 | 8) Cross Rhythmen - 4er und 6er Paradiddle |
| 34 | 9) Balance: 3-Way Coordination - Level II |
| 35 | 10) Ghostnote Beats - Level II |
| 36 | 11) Rhythm. Versch. in 8-teln, 16-teln & 8-tel Triolen |
| 37 | 12) Sound, Phrasierung & Projektion |